Falar e Silenciar

Dados Internacionais de Catalogação na Publicação (CIP)
(Câmara Brasileira do Livro, SP, Brasil)

Grün, Anselm
　Falar e silenciar : por uma cultura do
diálogo atencioso / Anselm Grün ; tradução de Markus
A. Hediger. – Petrópolis, RJ : Vozes, 2017.

　Título original : Achtsam sprechen – Kraftvoll schweigen : für
eine neue Gesprächskultur
　Bibliografia
　ISBN 978-85-326-5467-0

　1. Diálogo – Aspectos religiosos 2. Linguagem
3. Línguas I. Hediger, Markus A. II. Título.

17-03349　　　　　　　　　　　　　　　　　　　　　CDD-248.4

Índices para catálogo sistemático:
1. Diálogo : Prática religiosa 248.4

ANSELM GRÜN

FALAR E SILENCIAR

Por uma nova cultura do diálogo atencioso

Tradução de Markus A. Hediger

EDITORA VOZES

Petrópolis

© 2013 by Vier-Türme GmbH-Verlag, D-97359 Münsterschwarzach Abtei.

Título do original em alemão: *Achtsam sprechen-kraftvoll schweigen – Für eine neue Gesprächskultur*

Direitos de publicação em língua portuguesa – Brasil:
2017, Editora Vozes Ltda.
Rua Frei Luís, 100
25689-900 Petrópolis, RJ
www.vozes.com.br
Brasil

Todos os direitos reservados. Nenhuma parte desta obra poderá ser reproduzida ou transmitida por qualquer forma e/ou quaisquer meios (eletrônico ou mecânico, incluindo fotocópia e gravação) ou arquivada em qualquer sistema ou banco de dados sem permissão escrita da editora.

CONSELHO EDITORIAL

Diretor
Gilberto Gonçalves Garcia

Editores
Aline dos Santos Carneiro
Edrian Josué Pasini
Marilac Loraine Oleniki
Welder Lancieri Marchini

Conselheiros
Francisco Morás
Leonardo A.R.T. dos Santos
Ludovico Garmus
Teobaldo Heidemann
Volney J. Berkenbrock

Secretário executivo
João Batista Kreuch

Editoração: Fernando Sergio Olivetti da Rocha
Diagramação: Sheilandre Desenv. Gráfico
Revisão gráfica: Nilton Braz da Rocha
Capa: Felipe Souza | Aspectos
Ilustração de capa: © Unsplash / Pixabay

ISBN 978-85-326-5467-0 (Brasil)
ISBN 978-3-89680-820-2 (Alemanha)

Editado conforme o novo acordo ortográfico.

Este livro foi composto e impresso pela Editora Vozes Ltda.

Sumário

Introdução, 7

Língua materna – terra paterna, 15

A língua no Evangelho de Lucas, 20

A língua em João, 33

Falar – dizer – relatar, 43

Falar e ouvir, 50

Língua e fé, 57

A língua religiosa, 68

A linguagem do corpo, 72

A língua da liturgia, 76

A língua e a escrita, 88

Falar sobre outros – a língua pública, 95

Falar e agir, 104

Língua e protesto, 108

Algumas regras de comunicação, 111

Falar e se calar, 119

Língua e poder, 125

As raras palavras que partem do coração, 132

Palavras eficazes – palavras transformadoras, 137

Palavras e oração, 145

Pensamentos finais: "A língua fala", 150

Referências, 153

Introdução

"Não podemos não comunicar." Esta famosa afirmação do psicólogo austríaco Paul Watzlawik descreve nossa vida como comunicação incessante. Encontramo-nos constantemente em diálogo. Falamos, mesmo quando nos calamos; expressamos algo com a postura do nosso corpo; interagimos uns com os outros.

No diálogo tentamos nos expor ao outro e queremos que ele nos entenda. E desejamos participar da vida dele. Muitas vezes, porém, nossas palavras alcançam o ouvido do outro com um significado diferente daquele que pretendíamos. Um diálogo bem-sucedido não é algo garantido. Em famílias, em comunidades, em empresas, as pessoas não falam umas com as outras. E muitos diálogos fracassam.

Existe hoje uma grande oferta de cursos de retórica. Esse tipo de cursos é bastante comum entre líderes e diretores de empresas, pois estes "sentem na pele" a importância de expressar de forma positiva aquilo que pretendem transmitir aos seus funcionários e/ou clientes. No entanto, muitos desses cursos ensinam apenas técnicas de uma fala mais eficiente e agradável. A língua é usada como ferramenta para obter um resultado melhor.

Neste livro não tratarei da influência sobre outras pessoas obtida por meio de uma linguagem mais agradável. Antes, pretendo refletir sobre o mistério presente no ato de falar. Falamos uns com os outros diariamente. Mas o que acontece nessas ocasiões? O que a língua expressa? Quais são os efeitos da fala? E qual é seu segredo?

Quando leio livros sobre a língua e as linguagens, muitas vezes me pego tentando controlar minhas próprias palavras ou observando temerosamente os erros que cometo quando falo. Mas este também não é o propósito deste livro. Não quero criar um peso na consciência; não quero acusar nem advertir aqueles que usam uma linguagem eventualmente mais descuidada.

Pretendo, antes, aguçar a sensibilidade – a minha e a dos meus leitores – para o mistério da língua e da fala. Quero despertar o prazer que resulta de um convívio mais atencioso com sua própria língua materna.

Desde sempre os filósofos, teólogos e poetas têm refletido sobre isso. E nenhum deles conseguiu chegar a uma conclusão inequívoca. Não existe uma língua ideal que todos nós pudéssemos aprender perfeitamente. E este livro também não oferecerá regras a serem seguidas quando falamos. O que desejo aqui é abrir os olhos e os ouvidos para aquilo que ocorre quando falamos, ouvimos e lemos. O que as palavras e a língua fazem comigo e o que eu faço com minha linguagem? Onde e quando a língua que falo me beneficia? Qual a língua que me faz "sentir em casa", aceito e compreendido? E o que, na língua, me irrita, inquieta e deixa nervoso?

A língua possibilita o diálogo. Para os filósofos gregos, este representava uma importante fonte de conhecimento. Prezavam o diálogo como lugar em que as pessoas se encontram e se encorajam mutuamente a conhecer cada vez mais o mistério da existência humana.

O Evangelista Lucas volta sua atenção para essa cultura grega de diálogo, sobretudo em seu Evangelho, mas também no livro dos Atos dos Apóstolos. Nos livros de Lucas, Jesus usa as conversas para transmitir suas mensagens mais importantes, principalmente as conversas que surgem durante as refeições.

O simpósio, o banquete com seus diálogos profundos, marcava a cultura do pensamento e da fala grega. E sentimos que hoje precisamos resgatar algo dessa cultura: para as nossas conversas em família, na Igreja, na vida monástica, na empresa e também para os diálogos no rádio e na TV.

Hoje observamos um declínio na cultura de comunicação. Os participantes de *talk shows* não ouvem o que o outro diz. Aqui, o diálogo não serve para demonstrar um respeito mútuo e para buscar a verdade, mas apenas para satisfazer o sensacionalismo e o *voyeurismo* do público. Os políticos não dialogam mais e usam o parlamento e as mídias para apresentar suas posições com o maior efeito possível e para ridicularizar seus adversários políticos. Ninguém escuta, ouve ou fala mais no sentido verdadeiro da palavra. O diálogo não acontece mais, e nós somos obrigados a nos contentar com um palavreado vazio.

Constatamos hoje a tentativa em muitas áreas de desenvolver uma nova cultura de diálogo. Existe a "comunicação não violenta", com a qual Marshall B. Rosenberg obteve bons resultados no processo de reconciliação entre grupos conflitantes. As empresas gastam muito dinheiro com seminários para melhorar sua cultura de diálogo. Desde o Concílio Vaticano II, a

Igreja tem feito várias tentativas de criar plataformas de diálogo para melhorar a comunicação entre bispos, padres e leigos. Em reação ao debate sobre os abusos ocorridos dentro da Igreja, muitas pessoas têm exigido uma comunicação mais aberta dentro dela, e numerosas dioceses têm iniciado um processo de diálogo. Todas essas tentativas são marcadas por muita boa vontade. Às vezes, porém, o diálogo não leva ao resultado desejado, pois é iniciado com expectativas que dificultam uma real abordagem e compreensão.

Neste livro quero refletir sobre aquilo que caracteriza um verdadeiro diálogo e tentarei refletir sobre a língua que falamos. Pois antes de pretendermos um diálogo bem-sucedido, precisamos dedicar atenção e cuidado à fala. Por isso, quero refletir sobre o mistério que a envolve.

"Tua língua te denuncia" (Mt 26,73), diz a criada a Pedro. A língua que falamos revela nossa postura mais íntima; revela também nossas necessidades e agressões recalcadas. Por isso, faz bem quem estuda as precondições da fala e indaga a postura interna que se manifesta na língua.

A língua marca uma era e uma sociedade. Os linguistas constatam que hoje há uma decadência da fala e uma falta de compreensão pela língua. Em 1959, quando a Academia de Belas-artes da Bavária realizou uma série de palestras sobre "A língua", o artista gráfico e cenógrafo Emil Preetorius disse em sua palestra de abertura que a crítica fundamentada na gramática à decadência da língua não conseguia captar a essência real da língua. Ao citar Preetorius, o escritor Günther Eich afirma que, antes, devemos contemplar o mundo como língua: "A língua verdadeira parece-me ser aquela na qual a palavra e o objeto coincidem" (PREETORIUS, p. 10).

Este é o problema real: A língua que falamos hoje já não permite mais que as coisas se tornem realidade. Ela afirma algo sobre as coisas, mas não permite que essas coisas se expressem na língua. Em minhas viagens de trem, quando acompanho atentamente as conversas ao meu redor, às vezes me assusto com a banalidade da língua. Usam-se muitas palavras, mas raramente elas são empregadas para dizer algo essencial. O mundo não é expressado nessa língua.

Às vezes, percebo a incapacidade das pessoas de fazerem orações completas. Elas se bombardeiam com fragmentos de orações. Mas isso não é um diálogo; não surge disso uma comunhão da fala. A língua não conecta, remete apenas à solidão e expatriação das pessoas; já não é capaz de oferecer uma "pátria" às pessoas.

Muitas vezes igualmente percebo certo desprezo quando as pessoas falam de terceiros. Estrangeiros que aprenderam a dominar bem o alemão, por exemplo, têm dificuldade de acompanhar essas conversas, pois não é a língua que aprenderam na escola; não é a língua dos poetas e pensadores alemães, mas para eles é uma "língua banal". A língua nos denuncia; ela denuncia a banalização do nosso pensamento.

Dolf Sternberger analisou a língua alemã utilizada durante o Terceiro *Reich* e encontrou nela um aspecto denunciador. A língua alemã falada no Terceiro *Reich* demonstra uma preferência por palavras com o prefixo *be*, como: *befehlen* (dar ordens), *behandeln* (tratar), *bestimmen* (decidir), *beherrschen* (dominar), *bekämpfen* (lutar contra algo), *befallen* (assaltar), *beaufsichtigen* (supervisionar), *bedauern* (lamentar), *behaupten* (alegar), *beschimpfen* (insultar). Muitas vezes, o prefixo *be* expressa um ato de intromissão e intervenção, apresentando um aspecto violento e autoritário.

Outras vezes, porém, o prefixo *be* também possui um significado positivo; por exemplo, nos verbos *begeistern* (entusiasmar), *besänftigen* (apaziguar), *beleuchten* (iluminar), *bekleiden* (vestir). Nesses casos, expressa atenção e dedicação. O Terceiro *Reich* deu preferência às formas mais agressivas das palavras formadas com o prefixo *be*. Por ocasião da reimpressão de seu livro *Aus dem Wörterbuch eines Unmenschen* (O dicionário de um algoz), Dolf Sternberger se viu obrigado a reconhecer em 1960 que a língua havia sofrido poucas mudanças e que a "língua do algoz" havia se propagado nas instituições públicas.

Ao retornar para sua pátria após a queda do comunismo, um padre esloveno, que havia vivido e trabalhado na Alemanha durante a era comunista, constatou que os comunistas haviam transformado sua língua. Encontrou em seu país uma linguagem diferente da que havia sido falada quando fugira para a Alemanha. A população da Eslovênia nem se apercebeu disso, mas aos poucos e de forma imperceptível a filosofia desumana dos comunistas se refletiu na linguagem.

Quando visitei a Ucrânia tive a oportunidade de falar sobre "Liderança com valores" na Prefeitura de Lviv. Falei também sobre a língua. Mais tarde, em conversa com um diretor-administrativo da prefeitura, ele me contou sobre suas tentativas de mudar a linguagem de seus funcionários. Pois na era comunista os funcionários de órgãos públicos haviam tratado os requerentes sempre como invasores, que precisavam ser disciplinados e recusados. Essa hostilidade se expressava em uma linguagem agressiva e desumana.

Não é fácil mudar a linguagem de uma instituição pública; decretos que proíbem o uso de determinadas palavras não bastam. Os funcionários precisam ser conscientizados sobre aquilo que as nossas palavras causam no coração das pessoas, mas a transformação da linguagem de um órgão público também gera um novo clima na cidade, no país. Quando transformamos a forma de utilizar as palavras transformamos também o ser humano; quando aprendemos a mudar nosso jeito de falar, nós também mudamos.

Evidentemente, esse novo jeito de falar não pode ser exercido apenas exteriormente, mas também precisa ser expressão de um novo jeito de pensar, já que falar e pensar se influenciam mutuamente.

Neste livro pretendo falar sobre o fenômeno da língua, partindo de diversos pontos de vista. Não pretendo, porém, expor seus mistérios filosóficos e teológicos. Prefiro falar sobre o fenômeno do ponto de vista da Bíblia, como também de observações concretas da fala atual. Procederei de forma subjetiva; escolherei aqueles aspectos que me interessam, aquilo que toca meu interior, na esperança de que isso toque também os corações dos meus leitores.

O que me estimulou a escrever este livro foi uma conversa que tive em um pequeno grupo. Uma revisora, um assistente pastoral, um mediador no mundo da economia, um mestre de noviços, um estudante, uma livreira e o funcionário de uma editora falavam sobre aquilo que lhes vinha à mente em relação à língua e ao diálogo. Saí renovado dessa discussão.

Palavras vazias me cansam, um diálogo me refresca. Espero, portanto, que o leitor também não se canse com a leitura deste livro, mas que se refresque e se renove, que ele lhe permita entrar em contato com seu próprio coração e suas próprias experiências em relação à sua língua e ao diálogo.

Língua materna – terra paterna

Não é por acaso que falamos de "língua materna" e "terra paterna". Costumamos associar posse com o conceito da "terra paterna". O pai possui a terra; a terra paterna nos pertence. É o espaço que habitamos, mas também a terra que trabalhamos e que nos dá os frutos.

A língua materna não precisa ser defendida; ela é o ventre que nos oferece segurança. Nenhum inimigo pode nos tirar a língua materna – somente se ele a adulterar sem que nós o percebamos. A língua materna exige cuidados e atenção, sendo preciso estabelecer uma relação com ela para que possamos beber de sua fonte.

Assim como a mãe existe para o filho, a língua materna também sempre está presente na mãe: "A criança cresce com ela e adquire a língua materna. A criança se ocupa de forma lúdica com a aquisição da língua. Também de forma lúdica imita as palavras e seus contextos, imitando assim, antecipadamente, o que dirá quando crescer. Inculca na memória e lembrança aquilo que já é, em si, algo lembrado e imaginado. Pois a língua, a palavra que falamos, é algo imaginado e lembrado que sempre retorna" (JÜNGER, p. 55).

Para a criança, o aprendizado da língua materna não é um processo puramente exterior. A criança "cresce na compreensão da comunidade linguística e começa a compreender a si mesma. Ela vivencia a língua não como algo meramente exterior, mas desdobra nela sua própria vida interior, seu vigor, que resulta da filiação" (p. 57). A criança cresce dentro da língua materna e nela encontra cada vez mais a sua própria identidade. Sua autocompreensão sempre ocorre na língua.

A própria língua em si apresenta um aspecto maternal. Ela não julga; antes, expressa o que é. Ela nutre, faz com que o ser humano cresça. Ela lhe oferece segurança e uma pátria. A mãe fala com a criança, e as primeiras palavras que esta ouve repetidas vezes marcam sua alma – não apenas as palavras, mas também a maneira como elas são faladas.

Contudo, a língua materna não é apenas a língua na qual nossa mãe se comunicou conosco; a própria língua se transforma em mãe, que se dirige a nós, que nos consola, encoraja e que nos aponta para todas as coisas belas em nossa vida.

Quando as pessoas retornam a sua cidade natal reconhecem imediatamente o sotaque peculiar do local. Isso vale também para os dialetos e para a melodia da fala. O apreço pelos dialetos – onde existem – que observamos hoje em dia corresponde a essa saudade da língua como pátria. Normalmente as pessoas não realizam discussões teóricas usando dialetos.

O dialeto é aproximação e direcionamento. Ele se aproxima de mim como pessoa e se dirige a mim. Ele se dirige a mim com amor, mas também com a sabedoria que as pessoas daquele lugar depositaram nele. A palavra "dialeto" provém de "diálogo"; o dialeto é uma língua dialógica, uma língua que incentiva a comunicação.

Ele também é uma língua figurativa, e uma língua figurativa expressa apenas fatos positivos; é incapaz de negar um fato. A não ocorrência de um evento não pode ser representada de forma figurativa (cf. WATZLAWICK, p. 56). O dialeto é, portanto, uma língua afirmativa, que cuida e cultiva a vida como uma mãe e que não a nega ou questiona como o fazem alguns racionalistas. A língua materna é uma língua que nutre e inspira confiança, e assim nos introduz na vida.

Hilde Domin, poetisa judaica, escreveu muito sobre a língua como pátria. Para ela, pátria é aquilo que não se pode perder. "A língua é, para mim, aquilo que não posso perder. Perdi tudo. Mas a língua provou ser aquilo que ninguém consegue tirar de mim. Apenas o cessar da minha existência como pessoa (a morte cerebral) pode tirá-la de mim. Falo da língua alemã. Nas outras línguas que falo, sou apenas visitante. Uma visitante grata. A língua alemã foi o nosso sustento; a ela devemos o fato de termos preservado a nossa identidade. Também foi por causa da língua que eu voltei" (DOMIN, p. 14).

Hilde Domin descreve sua situação no exílio como "assombrosa". Apesar de ter sua língua como sua pátria, ela não podia se comunicar com as outras pessoas em sua língua materna, sendo obrigada a aprender outra língua. Por outro lado, foi emocionante "voltar para casa, para a terra natal, onde as pessoas falam o alemão" (p. 14). Quando falava de pátria, seus colegas escritores alemães reagiam com constrangimento. Mas Domin insistia: "Vivemos em uma crise de filiações. Também em uma crise da fala e da língua, de comunicação e identidade. Vivemos na 'não pátria'" (p. 16).

Quem não tiver consciência de sua língua é incapaz de encontrar sua identidade, pois a língua é um "lugar" importante para a busca da identidade; é o lugar da filiação. Quando falo a mesma língua, filio-me às pessoas que me ouvem e às quais eu ouço.

Posso ser privado de minha pátria externa, mas não de minha pátria interna: "A língua com a qual designo o mundo de forma consciente e na qual o torno comunicável – e com o qual comunico de forma que eu possa ser ouvido – não pode ser tirada de mim; ela é meu último refúgio. Defendo esse refúgio com todas as minhas forças, como antigamente o camponês defendia sua roça. Não tenho outra opção" (p. 16). Que imagem linda que Hilde Domin usa aqui para a língua! Ela é o refúgio do ser humano. Mesmo que tudo lhe seja tirado, ela não poderá ser tirada dele – apenas na morte. Mesmo que sua boca emudeça, ele preserva sua língua interior, na qual se comunica com sua alma e na qual ele pode vivenciar algo de sua pátria, mesmo que se encontre em terras estrangeiras.

Para Hilde Domin, a língua é a apropriação do mundo; eu não só ouço o mundo. Quando falo sobre o mundo, eu me aproprio dele, tomo posse. Ele me pertence. Assim, a língua estabelece um relacionamento entre eu e o mundo, como também com as pessoas que me ouvem. Na língua encontro alguém que me dá ouvidos. Quando comunico minhas experiências com o mundo, outras pessoas me ouvem, e, assim, o mundo pertence àqueles que falam e àqueles que ouvem.

Sentimos o que a língua materna significa para nós quando nos encontramos em um país estrangeiro e, de repente, ouvimos os sons familiares da nossa língua materna. Quando um conterrâneo se dirige a nós no exterior, sentimo-nos imediatamente em casa, e logo percebemos a região da qual ele vem. Seu sotaque o denuncia. E quando, após uma longa estadia no exterior, voltamos para casa, também vivenciamos a língua materna como pátria, como algo que nos dá segurança, nos nutre e protege nossa alma; nas palavras de Hilde Domin, como "último refúgio".

A língua no Evangelho de Lucas

O Evangelista Lucas era formado em Filosofia e Retórica Grega. Isso se manifesta em sua língua erudita. A tradição o vê como médico e pintor. Ambas as imagens revelam algo sobre sua língua.

A língua de Lucas é curadora. Ele não moraliza, tampouco estabelece teses dogmáticas; ele narra. A narrativa era a primeira forma de terapia. Quando leio ou ouço uma história, sou transformado, algo é ativado dentro de mim. Ocorre em meu interior um processo de retorno, sem qualquer coerção moralizante. Na narrativa eu me reencontro.

Nesse efeito curador da língua percebemos que Lucas se encontra na tradição dos filósofos gregos. Plutarco relata sobre Antifonte, o curador: "Enquanto se ocupava ainda com a retórica, ele inventou uma arte da libertação de dores, semelhante ao tratamento medicinal que existe para os doentes. Em Corinto, deram-lhe uma casa perto da ágora, na qual afixou uma placa prometendo cura por meio de palavras" (apud WATZLAWICK, p. 12).

Lucas escreveu um livro para pessoas que sofrem de doenças interiores e exteriores, para assim experimentarem o poder curador e consolador das palavras. A maneira como Lucas escreve sobre Jesus permite que os leitores sintam em si seu efeito como médico e salvador. Isso é uma habilidade de grande mestria. Lucas a aprendeu com Platão, visto como "o pai da catarse; ou seja, da purificação da alma e da convicção por meio da língua" (WATZLAWICK, p. 13).

E a língua de Lucas é uma língua plástica. Ao escrever seu evangelho, ele pinta uma imagem de Jesus; ele o representa de tal forma que o leitor é transformado por sua pintura.

O teólogo evangélico de Würzburg, Klaas Huizing, afirma que ao ler uma narrativa do Evangelho de Lucas o leitor tem a mesma sensação que Rilke teve ao ver o torso arcaico de Apolo: "Não há nenhuma parte que não te vê. Precisas mudar a tua vida". Nas pinturas que Lucas esboça em seu Evangelho e nos Atos dos Apóstolos reconhecemos a nós mesmos. As imagens nos olham, e isso nos transforma. Lucas não moraliza nem exige que eu mude minha vida. Mas quando conta suas histórias fascinantes, ocorre uma mudança e transformação de minha vida e de minha atitude diante dela.

Podemos sempre voltar a contemplar essas imagens criadas por Lucas para experimentarmos seu efeito transformador. Esse evangelista – como os gregos – aposta na beleza. Para os gregos, tudo o que existe é belo. E a tarefa da língua é fazer jus à beleza das coisas e conectar o ser humano por meio da beleza com sua própria beleza interior – com o brilho divino que cada um tem em si.

Quando o ser humano consegue se conectar com sua beleza original ele se torna sadio e completo, bom e belo. Para Platão, o belo sempre é, também, o "correto, o certo, o bom; aquilo que se adequa à essência, aquilo no qual possui a própria integridade, saúde, sanidade". Lucas também escreveu suas histórias de cura de forma a elevarem o ser humano para sua beleza original. Por meio da sua língua bela, a cura que Jesus opera nos doentes também se torna acessível ao leitor. Este se conecta com sua própria beleza, com seu brilho original.

E a língua de Lucas é uma língua emocional. Ele não designa as emoções, mas as expressa por meio de sua língua. Quando lemos suas palavras, sentimos que ele se identifica com as pessoas sobre as quais escreve e adapta sua língua ao evento específico. Ao mesmo tempo, sentimos que ele ama as pessoas, pois conta suas histórias com uma postura de respeito. Isso também faz parte da essência de uma língua boa.

A língua fala a alguém e sobre alguém. E o modo como falo revela se eu amo ou desprezo as pessoas, se pretendo dizer-lhes palavras boas ou más. Falar palavras boas significa abençoar (*benedicere*, em latim). Falar palavras más significa amaldiçoar (*maledicere*, em latim). Ao escrever palavras boas – ele pensa bem dos seus leitores e os ama –, elas se transformam em bênção para seus leitores.

A língua de Lucas é uma língua cordial, que toca os corações dos leitores. Isso se evidencia em sua narrativa da infância de Jesus, na história maravilhosa do filho pródigo ou dos discípulos de Emaús. Quem já leu esses textos com atenção, jamais os esquece. Há milênios, essas histórias comovem as pessoas. E até não cristãos gostam de lê-las, pois conseguem sentir a cordialidade que elas transmitem. Poetas as citaram porque não conseguiram encontrar exemplos melhores para escrever de forma cordial sobre o ser humano e seu destino, sobre sua decepção e alienação, mas também sobre a alegria do reencontro e de um encontro feliz.

A língua de Lucas é uma língua dialógica. Esse evangelista nunca perde de vista o seu leitor ou ouvinte. Ele gosta de se dirigir pessoalmente ao seu leitor, e é assim que ele inicia seu Evangelho; dedica-o a um homem rico e nobre: a Teófilo. Ele pretende contar-lhe a história de Jesus, para que ele possa se convencer da confiabilidade dos seus ensinamentos (cf. Lc 1,4).

A língua dialógica de Lucas se manifesta mais uma vez nas bem-aventuranças. Mateus documentou as oito bem-aventuranças como palavras de sabedoria na terceira pessoa. Em Lucas, Jesus se dirige diretamente às pessoas e usa a segunda pessoa. Ele dialoga com seus ouvintes, e o propósito desse diálogo é provocar uma decisão. Por isso, a versão de Lucas apresenta quatro bem-aventuranças e quatro exclamações iniciadas por "ai". Jesus chama as pessoas para uma decisão, apresentando-lhes diferentes possibilidades.

Lucas chama o ensino cristão de *logos*, que é a palavra que Deus falou ao ser humano por meio de Jesus Cristo. O *logos* abarca também aquilo que os outros evangelistas chamaram de *euangelion*, "boas-novas". Lucas nunca se refere ao seu Evangelho dessa forma, mas fala de uma narrativa, que não é uma simples lista de fatos. Quando a escreveu, orientou-se por uma ideia mais abrangente. Pretendia representar de forma narrativa a cura e a salvação que, na época, ocorreram em Jesus Cristo e que desejam se manifestar hoje em nós.

Lucas é o primeiro representante da "teologia narrativa", de uma "teologia por meio da narrativa". Em sua narrativa sensível e empática ele deseja conquistar as pessoas para Cristo. Sua narrativa é, ao mesmo tempo, panfleto propagandístico e a primeira literatura do cristianismo primitivo cuja qualidade se compara à literatura contemporânea secular.

Lucas fala de narrativa (*diegesis*, em grego) quando se refere ao seu Evangelho; e de *logos*, quando pensa na mensagem que partiu de Deus e que Jesus transmitiu às pessoas. Mas ele chama esse *logos* de *logos parakleseos*, de palavra de consolo, de palavra de encorajamento (cf. At 13,15). A essência de nossa fala sobre Deus deve servir como consolo, fortalecimento e encorajamento.

E Lucas chama a Palavra de Deus de *logos tes soterias*, ou seja: palavra da salvação, do socorro, da cura. Por isso, só falamos de Deus de modo adequado quando nossas palavras forem palavras de cura. Mas essa expressão contém mais. *Soteria* pode também significar proteção e preservação do ser interior. A palavra que Lucas proclama em nome de Jesus é uma palavra que protege nosso ser mais íntimo de adulterações. É uma palavra que salva por meio do conhecimento, tirando-nos do estado do sono e do inconsciente.

Quando interpretamos essa Palavra de Deus, que refletem o Espírito de Jesus, protegemos nosso ser das palavras e interpretações falsificadoras que ouvimos no ambiente em que vivemos; protegemos nosso ser verdadeiro. A Palavra de Deus corresponde ao nosso ser mais íntimo, e nossa língua deseja proteger e preservar o mistério do ser humano e de sua alma.

Além da palavra *logos*, Lucas também usa muitas vezes a palavra *rema*, que significa, ao mesmo tempo, palavra e evento.

É uma palavra que ocorre, que se torna realidade. Segundo Heinrich Schlier, *rema* designa o evento "que, como evento, se dirige ao ser humano" (SCHLIER, p. 857). O caráter do *rema* é sempre dialógico. Deus se dirige a nós na palavra e no evento. Quando Jesus nasce, os pastores vão para Belém com o seguinte pensamento: "Iremos para Belém para vermos essa Palavra que ocorre e que o Senhor nos revelou" (Lc 2,15; na trad. de Grundmann).

Rema é uma palavra que se torna evento. A palavra alemã para "evento", *Ereignis*, provém de *Eräugnis* (de *Auge*, "olho"). É uma palavra que se tornou visível e que agora conseguimos ver. Podemos entender isso sob uma perspectiva histórica: a palavra que o anjo proclamou aos pastores se tornou realidade, um evento histórico.

No entanto, também podemos interpretar essa palavra do ponto de vista psicológico: uma palavra provoca algo no ser humano. Quando critico ou machuco alguém, seu rosto se fecha; quando o encorajo, seu rosto começa a brilhar; quando o destruo com minhas palavras, ele empalidece. A palavra se torna visível na reação do outro.

Ao falar de Maria, Lucas diz: "Maria conservava todas essas palavras [*remata*], reunindo-as em seu coração" (2,19). Lucas emprega dois termos interessantes: *synterein* e *symballein*. O primeiro significa "contemplar em conjunto". Maria contempla as palavras e os eventos ocorridos em conjunto; aquilo que ocorreu a partir da palavra que lhe foi dita pelo anjo e pelos pastores. Ela as reuniu para compreender seu sentido simbólico mais profundo. Tudo o que aconteceu tem um significado mais profundo. Por isso, ela precisa da palavra que interpreta o ocorrido; ela precisa também do olho interior, com sua visão mais profunda e sua compreensão mais ampla.

Lucas diz que Jesus empregava uma linguagem calorosa, que tocava o coração das pessoas. Os discípulos de Emaús reagem às palavras de Jesus desta forma: "Não nos ardia o coração quando pelo caminho nos falava e explicava as Escrituras?" (Lc 24,32).

Lucas emprega a palavra grega *lalein* quando fala dos pastores e de Jesus. Esse verbo designa uma fala pessoal, uma fala do coração. *Lalein* é uma imitação dos sons que a criança emite antes de aprender a falar. É uma fala ainda não encoberta pela razão, mas que vem do coração e na qual se revela o seu mais íntimo. Quando alguém fala do coração, sua expressão sempre é calorosa, ao contrário da linguagem fria, que muitas vezes encontramos nas empresas e também na Igreja.

Para Lucas, a linguagem calorosa é indício da ação do Espírito Santo, que fala por meio de nós. Ao descrever Pentecostes, Lucas diz que o Espírito Santo baixou sobre os discípulos em forma de línguas de fogo. Com essa imagem ele nos diz que o Espírito Santo concede aos discípulos uma nova língua, uma língua que incendeia e toca e aquece os corações.

Os discípulos passam a falar em línguas estranhas, mas de forma que cada um dos ouvintes as entende em sua própria língua. Trata-se de uma língua que as pessoas entendem, de uma língua que se adapta à das pessoas. Os ouvintes ficam surpresos: "Profundamente impressionados, manifestavam sua admiração e diziam: 'Estes que estão falando não são todos galileus? Como, então, todos nós os ouvimos falar, cada um em nossa própria língua materna?'" (At 2,7s.).

No texto grego original Lucas fala do "dialeto, no qual nascemos". As palavras dos apóstolos se dirigem diretamente às pessoas, como costumam fazer as mães, e elas os entendem. As palavras as conectam com o conhecimento de sua própria alma.

O mistério de uma língua que vem do Espírito Santo é que todos a entendem. Às vezes, as pessoas dizem: "Quando leio este livro, sinto como se eu mesmo o tivesse escrito. Estas palavras expressam exatamente o que sinto em meu coração". Para Lucas, o ato de falar também é sempre uma ação espiritual, que, vinda do Espírito Santo, nos invade. Quando falamos movidos pelo Espírito Santo, todos entendem nossa língua.

Lucas não constrói uma teoria sobre a língua, mas faz uso de uma língua que cura, reconcilia. Ela reconcilia judeus e gregos, eruditos e analfabetos, homens e mulheres, não excluindo ninguém. Ela se abre a todas as pessoas.

Isso se manifesta no fato de sua língua figurativa representar o ser humano simplesmente do jeito que é, sem julgá-lo. Ela reúne os opostos. Quando Lucas conta uma parábola que trata de um homem, ele lhe contrapõe uma parábola com uma mulher como personagem principal. Quando escreve sobre o amor ao próximo – na história do bom samaritano –, segue imediatamente a ouvinte Maria, sentada aos pés de Jesus. Em sua descrição de Jesus, Lucas responde alternadamente a concepções judaicas e a anseios gregos.

Podemos aprender desse evangelista essa língua reconciliadora, que não exclui. Já, nossa língua eclesiástica é, muitas vezes, rigorosa e exclusiva; as pessoas que não pertencem à Igreja não a compreendem. Lucas adequa sua língua aos seus ouvintes, acatando seus desejos e anseios.

No Evangelho de Lucas, o diálogo ocupa um papel importante; as lições mais importantes sobre o mistério de Jesus, como também sobre o mistério de Deus e do ser humano, são transmitidas por meio do diálogo.

É possível perceber isso já na história da infância do Salvador. Lá encontramos os diálogos do anjo com Zacarias e com Maria. O homem Zacarias interrompe o diálogo com sua dúvida, enquanto Maria se abre para ele. O encontro maravilhoso entre Maria e Isabel se consolida no diálogo entre elas. Lucas evidencia o mistério do nascimento de Jesus por meio da conversa dos pastores com Maria e José. E o mistério dessa criança se revela na conversa de seus pais com os já idosos Simeão e Ana.

No entanto, o diálogo também pode ser um processo doloroso de aprendizado, como na cena narrada por Lucas, quando os pais encontram seu filho Jesus, de 12 anos, após uma busca de três dias. O diálogo não apenas confirma, mas também provoca uma nova visão. Mas não é fácil desprender-se da antiga visão e aceitar o comportamento a princípio incompreensível do filho. Maria não entende as palavras de Jesus, mas, mesmo assim, as preserva em seu coração. No texto grego encontramos aqui a palavra *diaterein*, que significa "ver através de algo": Maria conseguiu ver através das palavras de Jesus até o fundo do seu coração (cf. Lc 2,51). Ali, já fora do alcance das palavras, ela compreende o mistério de seu divino filho. As palavras – como dirão mais tarde os primeiros monges – abrem a porta para o mistério inarticulável de Deus.

Dizemos palavras uns aos outros, ouvimos palavras deles e olhamos, através de palavras, para aquele Deus que se encontra além de todas as palavras, para o silêncio puro que existe no fundo da alma de cada um de nós. Se olharmos através das palavras – que muitas vezes nos são incompreensíveis e que nem sempre conseguimos compreendê-las completamente com o uso da razão –, descobriremos o mistério inarticulável de Deus, como também o mistério inarticulável do ser humano. Elas nos introduzem no misticismo, que também recorre a muitas palavras para fazer transparecer por trás delas aquele Deus que se encontra além de todas as palavras.

No diálogo ocorre cura, e Lucas empresta as histórias de cura do Evangelho de Marcos. Mas, de maneira específica, Lucas ressalta o diálogo de Jesus com os enfermos. As narrativas que encontramos apenas em Lucas se destacam por diálogos maravilhosos.

Temos, por exemplo, o encontro de Jesus com a pecadora. A mulher fala sem palavras ao lavar os pés de Jesus com suas lágrimas e os unge com óleo. Seu amor transparece em seus atos, e seus atos provocam pensamentos no anfitrião. Jesus reconhece esses pensamentos e lhes dá outra direção, contando-lhe a Parábola do Credor com seus dois devedores (cf. Lc 7,41).

Jesus não faz um sermão; antes, redireciona os pensamentos do anfitrião. O Mestre explica o comportamento da mulher e fala sobre o segredo do perdão e do amor. O diálogo evidencia não somente a natureza do perdão; nele também ocorre a transformação das pessoas presentes. Sua visão se transforma. A mulher volta para casa como ser humano transformado, e os fariseus são tocados de tal forma, que passam a olhar para aquela mulher com outros olhos.

As parábolas são a resposta de Jesus às conversas vazias das pessoas. Lucas introduz as três parábolas (da Ovelha Perdida, da Moeda Perdida e do Filho Pródigo) com as palavras: "Os fariseus e escribas resmungavam, dizendo: 'Este homem acolhe os pecadores e come com eles'" (Lc 15,2). Jesus transforma a visão das pessoas por meio das parábolas.

Na maravilhosa história do filho pródigo, o diálogo ocupa um papel central. A transformação do filho começa com um monólogo de sua alma. Nessa conversa consigo mesmo ele se dá conta de sua situação e encontra coragem para se levantar e voltar para o pai. O retorno é descrito por meio de gestos e palavras. O pai vai ao encontro do filho, o abraça e o beija. E no diálogo fica evidente o que significa perdão: vestir o filho com roupas bonitas, revelar sua beleza original. Esses atos externos são justificados desta forma: "Porque este meu filho estava morto e voltou à vida, estava perdido e foi encontrado" (Lc 15,24). No diálogo ocorre a transformação. No entanto, Lucas também mostra que o diálogo do pai com o filho que permanecera em casa não é bem-sucedido. Para que um diálogo tenha o êxito pretendido, ambos os lados precisam estar abertos para ele. As palavras bondosas do pai não conseguem alcançar o irmão endurecido. O final da parábola permanece em aberto, deixando espaço para a esperança de que, apesar de tudo, o diálogo acabe transformando também o irmão mais velho.

A transformação de Zaqueu, o cobrador de impostos, também acontece no diálogo, mas esse diálogo ocorre acompanhado de gestos. Zaqueu sobe em uma figueira para ver Jesus, que levanta os olhos e o vê. A palavra grega *anablepo* significa que Jesus olha para o céu e que reconhece o céu no pecador Zaqueu; Ele vê brilho divino naquele homem. Jesus dirige a palavra a ele, sem qualquer acusação: "Zaqueu, desce depressa, pois hoje devo ficar em tua casa" (Lc 19,5). Essas palavras transformam Zaqueu. Graças ao fato de Jesus não condená-lo e de confiar em sua hospitalidade, Zaqueu pode largar sua conduta antiga de mostrar sua importância com o dinheiro roubado de outras pessoas. Sua mudança de vida se manifesta na afirmação do Mestre: "Hoje a salvação entrou nesta casa, porque também este é um filho de Abraão" (Lc 19,9).

Uma conversa transforma Zaqueu, criando nele arrependimento, cura e alegria. Lucas demonstra aqui o efeito que um diálogo bem-sucedido pode ter; ele transforma as pessoas e possibilita um novo começo, cria comunhão. Já as conversas malsucedidas geram amargura e divisão. Lucas retrata Jesus como mestre da arte dialógica; Ele fala com as pessoas de tal modo que toca seu núcleo bondoso e as faz florescer.

Em todo seu Evangelho, Lucas nunca exclui uma pessoa ao falar dela, expressando esperança até mesmo para os adversários (os escribas e fariseus) e Judas. Para mim, isso é um grande exemplo: não usar minha língua para falar contra alguém, mas sempre falar de forma positiva aquilo que precisa ser dito.

Essa linguagem empregada por Lucas me convida a falar das pessoas de hoje de tal forma, que me permita acreditar na bondade que existe nelas. Na década de 1970, os teólogos costumavam falar dos executivos como "capitalistas gananciosos". Quando condeno uma pessoa com palavras não consigo iniciar um diálogo com ela. Um diálogo só pode ser bem-sucedido se eu utilizar minha linguagem para ativar o lado bom da outra pessoa. Assim, o bem conseguirá se impor em ambos os lados desse diálogo.

Se eu me elevar acima dos outros com a minha linguagem, o diálogo não ocorrerá; antes, provocarei apenas resistência. Às vezes percebo isso em mim quando "cristãos nascidos de novo" tentam provar que eu não sou um cristão verdadeiro e que, por isso, preciso me converter a Jesus. Quando alguém usa de sua linguagem para se elevar acima de mim, não sinto qualquer motivação para procurar o diálogo com ele.

A meu ver, isso também é um desafio importante para a nossa linguagem eclesiástica. Na Igreja, muitas vezes nós nos elevamos acima dos outros; fingimos intimidade e experiência com Deus, querendo ser mestre dos outros. Mas isso só provoca resistência. Com esse tipo de linguagem não alcançamos as pessoas, não conseguimos estabelecer diálogo com elas. O Evangelista Lucas poderia nos mostrar uma maneira de encontrar uma linguagem que nos permitisse alcançar os corações das pessoas e, assim, iniciar um diálogo com elas.

A língua em João

João abre seu Evangelho com a famosa sentença: "No princípio era a Palavra (*logos*)" (1,1). Desde sempre, os filósofos e poetas têm refletido sobre essa sentença, pois ela expressa algo não apenas sobre Jesus Cristo e seu relacionamento com Deus, mas também revela que o início de todo ser é a palavra, que não existe vida humana sem a palavra.

Mas João não se limita a uma sentença sobre a comunicação humana. "A Palavra estava com Deus, e a Palavra era Deus" (1,1). A Palavra se estende a Deus. O próprio Deus se expressa na Palavra e cria por meio dela. Tudo o que é veio a ser por meio da Palavra, e em toda a criação podemos reconhecer a Palavra de Deus. Ou seja, a criação se fez por meio da Palavra e é uma Palavra que se dirige a nós para que nós respondamos a ela.

A Palavra impregna a criação. Assim, João nos revela o segredo de que as palavras sempre são criativas; palavras criam um mundo. Isso não vale apenas para a criação e a natureza, na qual transparece a beleza de Deus. Vale também para a nossa fala humana. Palavras criam uma realidade; trazem à existência aquilo que não é (cf. Rm 4,17).

Quando as nossas palavras correspondem à palavra que Deus nos fala, elas levam luz e vida à existência das pessoas.

A palavra que Deus nos fala é repleta de luz e vida. Quando ouvimos a Palavra de Deus na criação, ela nos traz luz, ilumina nossa existência e permite que entendamos o mundo, despertando em nós a vida. A palavra é repleta de vida e desperta em nós a vida, que tantas vezes está adormecida em nosso interior.

Por meio da Palavra, tudo veio a existir, diz João. Mas isso significa também que podemos entender a criação, que nela rege uma razão. A criação fala conosco; é uma Palavra de Deus que se dirige a nós. No entanto, João ainda dá um passo além: A Palavra é Deus.

A filosofia tentou desdobrar aquilo que João apontou em seu Evangelho. O filólogo clássico Walter F. Otto parte dos termos gregos *legein* e *logos*, e disso deduz que pensar e falar são a mesma coisa. Para ele, a língua não é apenas uma representação das coisas, que serve para designá-las. Antes, acredita que as "*Coisas* (no sentido mais real da palavra) existem apenas na língua, no pensar falante ou no falar pensante. [...] Repito: aquilo que se expressa na língua (ou no pensamento falante) só está presente na língua. Não é uma opinião, não é uma fala sobre algo que poderia ser falso ou verdadeiro, mas a essência em si, o ser do ente na existência imediata. A língua é essência e coração do mundo" (OTTO, p. 176).

Isso pode soar um tanto abstrato, mas a filosofia da fenomenologia, defendida pela santa carmelita Edith Stein, faz distinção entre estar presente e ser real. A árvore está presente; no entanto, se torna *real* apenas por meio da língua, na qual a essência da árvore se expressa. Walter F. Otto vislumbrou algo do mistério da língua, expressado pelo prólogo do Evangelho de João. Não falamos apenas sobre as coisas; a essência das coisas se expressa em nossa língua.

O segredo da teologia linguística de João está no fato de que essa Palavra de Deus se tornou carne em Jesus. Ela se manifestou de forma visível em sua forma humana. A Palavra se "encarnou", e nessa Palavra que se fez carne brilha a glória de Deus em nosso meio. A Palavra de Deus brilha em sua beleza; dela irradia a beleza de Deus.

Aquilo que vislumbramos é belo; vislumbramos a Palavra de Deus em Jesus. E ela é repleta de charme e de beleza. A palavra grega para graça, *charis*, indica graciosidade, a beleza interior que nos comove. Então, graça significa isso: a atenção carinhosa que Deus dá ao ser humano. Quando Deus fala conosco, essa fala é carinhosa e nos preenche com graça. Assim, a verdade se torna visível na Palavra.

Verdade, em grego, é *aletheia*, e significa aquilo que reluz. O véu que se deita sobre tudo é retirado e resplandece a essência. Quando a Palavra divina se torna carne, a verdade reluz, ou seja, quando tocamos o mistério de Deus com as nossas palavras e quando a Palavra de Deus ressoa nelas, o véu que encobre a realidade é tirado, e assim reconhecemos a verdadeira realidade.

A Palavra de Deus se torna visível em Jesus Cristo, e nele podemos contemplá-la. Vimos em Lucas que as palavras de Deus se tornam evento e história. Lucas sempre emprega o termo *rema*; João, por sua vez, usa o termo *logos*, que representa a compreensão grega da existência. É um "conceito central na filosofia grega, que liga o pensar ao ser" (BLANK, p. 76).

Na filosofia estoica, o *logos* é a lei universal que tudo ordena. Esse *logos* – a Palavra de Deus que tudo cria e ordena – se torna visível numa pessoa: no *Logos* que se fez homem e que podemos contemplar em Jesus Cristo. Este é o paradoxo: a palavra atemporal se manifesta na história, e a poderosa Palavra de Deus, que tudo criou, transparece na carne fraca e mortal. E nesse ser humano histórico resplandecem o brilho e a beleza de Deus, nele podemos experimentar fisicamente a emanação de Deus.

A fraqueza da carne aumenta cada vez mais no decorrer do Evangelho de João: Jesus é o cordeiro indefeso, exposto aos ataques dos seres humanos. Ele é exaltado na cruz; a cruz como símbolo de fraqueza extrema é, ao mesmo tempo, o lugar da glória de Deus, o lugar onde o amor de Deus por nós transparece com a maior clareza. João descreve a crucificação com imagens. Quando contemplamos Jesus na cruz, o amor e a beleza de Deus se impregnam em nossos corações. E a Palavra de Deus nos alcança quando, ao contemplarmos a cruz, permitimos que a casca do nosso coração seja quebrada pelo amor de Deus.

Jesus é a Palavra de Deus que se fez carne. Quando o Mestre fala acontece tudo aquilo que João insinuou em seu prólogo: Ele traz luz e vida à nossa existência; em suas palavras experimentamos a emanação de Deus. Quero deixar isso mais claro com a ajuda de cinco afirmações de Jesus sobre si mesmo:

Uma *primeira palavra* de Jesus: "Quem escuta minha palavra e crê naquele que me enviou tem a vida eterna [...] e passou da morte para a vida" (Jo 5,24). Jesus fala com as pessoas de modo que elas passam já agora da morte, do irreal e do estarrecido para a vida. Suas palavras dão vida. Elas despertam tudo o que há de estarrecido e adormecido no ser humano para a vida. Aquele que aceitar a sua palavra sente já agora algo da vida eterna, de uma vida na qual tempo e eternidade se tornam um só.

As palavras de Jesus são um desafio para nós. A pergunta é se as nossas palavras também despertam para a vida. Existem palavras que nos estarrecem, palavras que não têm vida e que a sufocam. Quando digo a alguém: "Você é um peso para mim, um nada. Não tenho nada a ver com você", essas palavras matam algo nele: a esperança de uma vida com sentido, a esperança de ser percebido e aceito. E também existem palavras que abrem nossos olhos e que nos permitem ver e compreender. Quando alguém descreve a beleza de uma montanha, meu coração se abre. Ele vislumbra algo da verdade daquela montanha, é inundado por vida. Passa, então, da morte para a vida.

A *segunda palavra* de Jesus sobre a fala: "Vós já estais limpos por causa da palavra que vos tenho anunciado" (Jo 15,3). As palavras de Jesus transmitiam uma sensação de pureza aos discípulos, sentiam-se em harmonia consigo mesmos e conectados com sua clareza e pureza interiores.

Isso significa também que a fala de Jesus era pura e clara. Muitas vezes, nossa própria fala se mistura com outras tendências. Tentamos, por exemplo, representar-nos como algo melhor do que realmente somos ou tons agressivos se infiltram em nossa língua; muitas vezes nossa fala julga e machuca. Apenas uma fala clara, que vem do coração, consegue purificar as manchas no ser humano.

Muitas vezes, falamos em tom acusador e moralizante, e uma fala moralizante não faz a pessoa se sentir pura, mas suja e culpada. Jesus nos mostra uma linguagem clara e pura e que, assim, conecta as pessoas com sua própria clareza interior.

Essa palavra pretende dizer algo mais: minha reação às palavras do outro revela algo não só sobre mim mesmo, mas também sobre ele. Às vezes, sinto-me incomodado ao ouvir determinado sermão ou palestra, surgindo em mim a agressividade. Jesus me convida a perguntar a mim mesmo o que estou percebendo no palestrante. Talvez esteja tentando me doutrinar ou me manipular, talvez esteja tentando me convencer de uma autoimagem exagerada, talvez seja uma pessoa orgulhosa, ou mesmo esteja tentando criar uma atmosfera eufórica. Todas essas intenções secundárias provocam emoções negativas em mim. Não me sinto purificado, mas manchado pela sujeira interior do palestrante.

A *terceira palavra*: "Disse-vos (*lalein* = falar do coração) estas coisas para que minha alegria esteja convosco, e a vossa alegria seja completa (*plerousthai*)" (Jo 15,11). Quando Jesus falava, Ele comunicava seu humor interno – seu humor da alegria – aos ouvintes. Esse seu humor contagiava seus discípulos; suas palavras conectavam as pessoas à fonte da alegria, que nasce no fundo de sua alma, mas que, muitas vezes, está soterrada por medos e preocupações.

Jesus não doutrina as pessoas; antes, as conecta com a fonte da alegria e a fonte do amor que flui nelas, e que muitas vezes não pode ser percebida porque se transformou em "fio d'água". As palavras de Jesus enriquecem e fortalecem essa fonte de alegria e amor, de forma que ela cresce, emerge e irrompe a superfície da consciência da pessoa.

Nossa língua também transmite o nosso humor. Evidentemente, isso acontece primeiramente por meio da voz, mas também por meio daquilo que dizemos e como o dizemos. Há pessoas que gostam de usar palavras pias, mas por trás dessas palavras percebemos vaidade ou desprezo pelo ser humano; palavras pias são usadas para se elevarem acima dos outros. Ou então percebemos nelas ruptura, frieza e pessimismo.

Jesus nos ensina a falar uma língua que nos permite transmitir alegria e amor, mas essa escola não ensina apenas palavras externas. Em última análise, somente a pessoa que permite ser permeada pelo Espírito Santo consegue falar sabiamente. Esse Espírito precisa impregnar nosso corpo e nossa alma com amor, alegria, clareza e vida. Então, Ele se manifestará também por meio de nossa fala. Falar é, portanto, um ato espiritual.

A *quarta palavra*: "As palavras que vos digo não as digo por mim mesmo. O Pai que habita em mim é que realiza suas obras" (Jo 14,10). Jesus não fala por si mesmo, mas permanece permeável para Deus quando fala; Ele fala o que ouve do Pai. Suas palavras são resultado daquilo que ouve internamente. Jesus não mistura aquilo que ouve com suas emoções, mas permite que a Palavra de Deus se manifeste em sua clareza original.

O que Jesus diz sobre si mesmo também vale para o Espírito Santo, que Ele nos envia. "Quando vier o Espírito da verdade, Ele vos guiará em toda a verdade, porque não falará de si mesmo, mas do que ouvir" (Jo 16,13). O original grego usa sempre a palavra *lalein*: Ele dirá sempre de forma muito pessoal e cordial aquilo que ouviu de Deus.

Aqui se evidencia outra condição para a fala correta. Nossa língua só trará frutos se ela resultar do ouvir, quando prestamos atenção aos impulsos silenciosos do nosso coração, por meio dos quais o Espírito Santo fala conosco. Assim, a verdade transparecerá também em nossas palavras, que esclarecerão e iluminarão a realidade.

Uma *quinta e última palavra*: "Disse-vos estas coisas para que tenhais paz em mim" (Jo 16,33). O modo de falar de Jesus permite que os discípulos fiquem em paz, consigo mesmos e com os outros. Jesus também lhes diz que eles têm paz nele, levando-os ao seu coração. Ele diz que os discípulos habitam em suas palavras, e assim suas palavras habitam neles, permitindo-os experimentar sua paz.

Para mim, isso é um critério importante para a fala correta. Ela deve levar as pessoas à paz e à harmonia consigo mesmas. A palavra grega para paz, *eirene*, provém da música e significa harmonia. Os diferentes sons em nosso interior devem harmonizar bem. Jesus diz que suas palavras geram não só uma harmonia dos sons em nós mesmos, mas também uma harmonia entre o seu coração e o nosso. A fala autêntica reúne e gera comunhão. Um diálogo bem-sucedido nos transmite a sensação de que tudo se harmoniza e está em harmonia.

Encontro ainda outro aspecto da língua que transparece no Evangelho de João: 80% dele consistem de diálogo. João não narra (como Lucas), mas envolve Jesus constantemente em diálogos com os judeus ou outras pessoas como, por exemplo, com a mulher de Samaria ou com Maria e Marta.

O diálogo com a samaritana começa com palavras sobre a sede concreta e a água da fonte de Jacó, e de repente passa a falar sobre o segredo da fonte interior. O tema do diálogo dos dois se transforma em símbolo da água vivificante, do Espírito Santo que Jesus dá ao ser humano.

Aqui transparece algo da essência de todo diálogo: ele não esclarece apenas fatos externos; não pretende iluminar apenas aquilo que vemos, mas nos leva ao invisível, àquilo que nos toca, move e sustenta em nosso íntimo, dando-nos força para viver.

As últimas disputas entre Jesus e os judeus abordam nossas próprias dúvidas. As objeções contra Jesus são, em última análise, nossas próprias ressalvas a Ele. Temos as mesmas dificuldades dos judeus de então de reconhecer nesse ser humano concreto a glória de Deus, ou até mesmo o próprio Pai.

Por um lado, Jesus e suas palavras nos fascinam; por outro, duvidamos que justamente nesse homem de Nazaré tenha se manifestado a glória de Deus. Em suas conversas Jesus tenta conquistar os judeus de forma incansável para a fé. Para Ele, fé não significa acreditar em determinadas doutrinas, mas reconhecer concretamente em sua pessoa a glória de Deus. Crer significa contemplar; contemplar Deus no ser humano Jesus, contemplar a glória de Deus na cruz. Por meio do diálogo Jesus quer nos ensinar a ver de forma nova, a contemplar nele a beleza e o amor do Pai.

Um recurso estilístico típico nos diálogos encontrados no Evangelho de João é o chamado "equívoco joanino". À primeira vista, Jesus e Nicodemos, Jesus e a samaritana, Jesus e os judeus parecem não estar se comunicando e não se entendem. Mas na verdade o equívoco dá acesso a outro nível de diálogo; de repente, a essência se torna visível.

Nicodemos vislumbra algo do mistério de Jesus e do mistério do novo nascimento no Espírito Santo. A samaritana compreende quem é o Messias, como também sua própria vida e sua busca por uma vida plena. E Jesus usa justamente os equívocos para abrir os olhos dos judeus para o mistério de Deus, que se expressa concretamente nele.

Quando surgem equívocos em nossas conversas, costumamos acusar o outro de ter nos compreendido errado, e tentamos explicar mais uma vez. Os diálogos joaninos querem nos convidar a analisar mais de perto o equívoco que costuma ocorrer também em nossas conversas e a permitirmos que esse equívoco nos leve a outro nível de pensamento.

Falar – dizer – relatar

***

Existem em alemão três palavras para expressar o ato da fala:

• A primeira palavra é *sagen*, "dizer", e significa apontar, mostrar. Quando digo alguma coisa mostro algo aos ouvintes que eles mesmos devem contemplar. Dizer significa mostrar algo, torná-lo visível. Na língua holandesa isso se manifesta de forma mais clara. Nela, a palavra *zeggen* se parece muito com a palavra alemã *zeigen* (mostrar, apontar).

Dizer também tem a ver com contar. A origem de "contar" é "contar o número de algo", "listar", "completar a contagem". Mas contamos também lendas e contos; contamos histórias para mostrar algo da vida, para abordar um tema que ilumina a nossa vida. A esse dizer corresponde também aquilo que a filosofia chama de "designar". Designamos algo com um nome. Assim, o tornamos visível e o separamos do resto. Algo se revela a nós, e a língua designa isso.

• A segunda palavra é *reden*, "relatar", ou seja: prestar contas, justificar algo e expô-lo de forma racional. Em alemão, *reden* tem um parentesco etimológico com *raten*, que significa ordenar algo intelectualmente, refletir ou tramar. O relato tem a ver com a razão; com minha razão tento expor, justificar e explicar algo. O relato corresponde à fala objetiva; cada relato sempre é, também, uma justificativa. Uma pessoa eloquente é aquela que sabe relatar bem, e falamos de uma pessoa reta quando ela corresponde àquilo que diz e relata.

A palavra grega correspondente a esse relato é *logos*; em latim, é a palavra *oratio*. Nosso relato apresenta algo, a palavra interpreta aquilo que se revela a nós, refletindo sobre a realidade e lhe conferindo sentido, que precisa ser compreendido. O contexto do relato, sua estrutura lógica, a fala precisa, tudo isso visa à compreensão. O filósofo Hans Georg Gadamer compreendeu a língua como interpretação da realidade, e interpretar, para ele, também significa sempre compreender.

• A terceira palavra é *sprechen*, "falar", parente da palavra sueca *sprakka*, que significa "farfalhar", "crepitar". É uma palavra onomatopaica. Também tem o significado de "quebrar", "romper", "irromper". Quando falo, algo irrompe de mim; revelo meu humor, e minhas emoções se tornam audíveis. Essa palavra corresponde ao *lalein* grego, que imita os sons inarticulados de um bebê. Relatar corresponde ao *legein*, em grego; e o falar, ao *lalein*. A língua (*Sprache*, em alemão) vem de falar (*sprechen*), indicando, assim, que a língua é sempre experiência, emoção, paixão e amor que se pronuncia.

"A língua se destaca não como ajuda de manifestação e representação de uma imagem, mas quando irrompe, quando se despede do silêncio e quando a palavra, a oração, a fala se calam e retornam ao silêncio. A língua ressoa" (HALDER, p. 44s.). O filósofo Alois Halder descreve esse ressoar da língua: "Algo ressoa quando sua figura e forma são tocadas e movidas em seu íntimo, quando aquilo estremece sob uma fricção carinhosa ou um golpe duro" (p. 45). A língua ressoa e retorna para o silêncio. Isso faz parte de sua natureza. Romano Guardini tem uma visão semelhante: "Faz parte da natureza de todo falar que ele sempre remete ao silêncio. [...] Pois falar de verdade só consegue aquele que também consegue se calar; assim como o silêncio verdadeiro só pode ser praticado por aquele que também sabe falar. [...] Sem o vínculo com o silêncio a palavra se transforma em palavreado; e o silêncio sem o vínculo com a palavra se transforma em mudez" (GUARDINI, p. 15s.).

Outra parte essencial do falar é, além do silêncio, o ouvir. A fala deseja ser ouvida. A fala não pode passar despercebida. "O falar se comunica, e o ouvir participa, sente quando é tocado e movido, quando é golpeado, acariciado ou empurrado. Falar e ouvir são comunicação e participação no movimento emocional, no pulso dos seres humanos e dos objetos" (HALDER, p. 45). A pessoa que fala expressa suas emoções e as comunica à pessoa que ouve, para que esta participe de seu humor. Quando Deus fala conosco, Ele deseja ser ouvido, Ele quer que participemos de seu humor, de seu Espírito.

Em alemão, tanto *reden* (relatar) quando *sprechen* (falar) podem receber o prefixo *Ge*. Então falamos de *Gerede* (palavreado) e de *Gespräch* (diálogo). O prefixo *Ge* sempre expressa comunhão. No entanto, a língua alemã faz uma distinção precisa.

O palavreado possui sempre um significado negativo. Um palavreado pode ser um boato sobre uma pessoa, algo que se espalha pelo mundo ou é uma "balela" vazia. Não conversamos uns com os outros, dizemos qualquer coisa. Um palavreado nos deixa insatisfeitos, pois falamos sobre outros, não com outros. O palavreado não é diálogo, é fala sobre outros. E, assim, ele adultera a essência da fala.

O palavreado também gera comunhão, mas uma comunhão muito restrita de fariseus, uma comunhão que se eleva sobre outros e que fala sobre eles. Por fim, o palavreado cria uma comunhão que separa dos excluídos aqueles que acreditam falar corretamente sobre os outros; sobre os quais as pessoas falam e não podem se defender.

O diálogo é algo completamente diferente. Friedrich Hölderlin escreveu versos maravilhosos sobre o diálogo em um poema intitulado "Celebração da paz":

> Muito experimentou o ser humano e
> Designou muitos dos seres celestiais,
> Desde que somos um diálogo
> E conseguimos ouvir uns dos outros.

Não fazemos apenas um diálogo, somos um diálogo. Um diálogo é mais do que uma simples troca de palavras, ele cria comunhão entre os dialogadores. Eles não se transformam em diálogo, mas *são* um diálogo.

Friedrich Hölderlin aponta as condições para um bom diálogo e nos mostra como ele deve ser.

A *primeira condição* é que as pessoas que dialogam tenham experimentado muito. Elas falam de experiência própria. Não repetem o que os outros dizem, mas expressam aquilo que seu coração vivenciou, sentiu e vislumbrou em seu íntimo.

A *segunda condição* é que o diálogo esteja aberto para os seres celestiais. Evidentemente, Hölderlin quer dizer: estar aberto para Deus, para a esfera transcendente. Um bom diálogo sempre abre o céu que está acima de nós. Tocamos em algo que nos transcende. Assim, cria-se não só um diálogo entre os dialogadores, mas também com aquele ao qual toda fala remete: com Deus.

Estas são as duas condições para o êxito de um diálogo, duas imagens que o descrevem:

A *primeira imagem*: nós somos um diálogo. Os dois dialogadores não estão focados em entreter uma conversa boa, em argumentar de forma adequada, em ouvir com atenção – os dois são um diálogo. Não existe pressão para realizar um diálogo bem-sucedido. Ambos são autênticos, estão em sintonia consigo mesmos e com o outro. Expressam aquilo que se manifesta em seus corações, sem qualquer pressão de ter que passar uma boa impressão com aquilo que dizem. Assim, surge um diálogo. Os dois se tornam um, vivenciam a comunhão no ato de falar, pois cada um expressa o seu coração.

A *segunda imagem*: os dialogadores não ouvem apenas o que o outro diz, não são apenas bons ouvintes, mas ouvem uns dos outros. Ouvir uns dos outros significa para mim: tomo algo do outro para mim. Significa participar da origem do outro: de sua história, de sua experiência, de seu humor, de suas raízes, de seu coração.

Quando ouço do outro alcanço o ponto inicial do qual ele parte, alcanço sua raiz da qual ele se nutre. No diálogo participamos um do outro, e assim o diálogo gera algo novo. Pela participação mútua surge a comunhão, a participação, o compartilhamento. Quando ouvimos uns dos outros também nos pertencemos mutuamente. Damos ouvidos a eles e, assim, ouvimos deles e, ao mesmo tempo, de nós mesmos. Tomamos uns dos outros, sendo presenteados.

Hans Georg Gadamer, aluno de Martin Heidegger e filósofo da hermenêutica, da arte e da exegese, acredita que não realizamos um diálogo, mas, antes, somos envolvidos nele. "Ninguém conhece antecipadamente o resultado de um diálogo. A comunicação ou seu fracasso é um evento que nós sofremos" (GADAMER, p. 361). A essência do diálogo não é a troca de verdades, mas o fato de que a verdade ocorre, de que a língua do diálogo "'desvela' e destaca algo que, a partir de então, passa a ser" (p. 361).

Diálogo é comunicação, nela tento entender o que o outro expressa em sua língua. Quero descobrir a experiência que se esconde por trás das palavras; tento me ver em seu lugar e compreender a sua experiência. Ao mesmo tempo, pergunto-me se tive experiências semelhantes e como eu as expressaria em minhas próprias palavras.

O propósito do dialogador nunca é ter razão, mas comunicar-se e concentrar-se naquilo que está por trás das experiências. Isso, porém, não é algo que pode ser tocado com as mãos. Trata-se, antes, de um mistério que se revela e, ao mesmo tempo, se oculta.

Segundo Hans Georg Gadamer, um diálogo é bem-sucedido quando ocorre uma fusão de horizontes. Vejo o mundo sob determinado horizonte, e meu dialogador possui outro horizonte. Não discutimos sobre qual horizonte seria o certo, mas buscamos a fusão desses horizontes. Quando isso acontece, a essência do diálogo se expressa. Essa essência nunca é apenas minha essência pessoal, mas sempre nossa essência comum (cf. GADAMER, p. 366).

Para que um diálogo possa ser bem-sucedido precisamos estar dispostos a nos colocar dentro do horizonte do outro e de ver as coisas de seu ponto de vista. Também precisamos contemplar as coisas a partir do nosso próprio ponto de vista e reconhecer sua essência, que se esconde por trás das interpretações. Mas isso não é algo natural ou simples; muitas vezes existem obstáculos ou barreiras que nos impedem de realizarmos um bom diálogo e de sermos um diálogo.

Se levássemos a sério as experiências da língua alemã com as palavras *sagen* (dizer), *reden* (relatar) e *sprechen* (falar), e com *Gerede* (palavreado) e *Gespräch* (diálogo), os nossos diálogos conquistariam uma nova qualidade. Não perderíamos nosso tempo com palavreados nos quais ninguém se comunica com o outro e nos quais as razões simplesmente são mencionadas uma ao lado da outra. Em um palavreado ninguém presta atenção no outro, é uma confusão e mistura de falas, uma conversa fiada sem propósito.

Um diálogo só ocorre quando eu estiver disposto a construir uma comunhão com meus dialogadores, quando tiver o desejo de participar de sua vida e experiências. Quando tento impor a minha opinião, nada disso pode surgir. Quando tento apenas convencer o outro, sem me interessar por sua opinião ou sua experiência, um diálogo se torna impossível.

Falar e ouvir

Para que um diálogo seja bem-sucedido não basta falar bem e de forma pessoal; precisamos também saber ouvir. O ouvir é essencial à fala. Já ouvimos isso mais acima nas palavras do filósofo Alois Halder.

O falante deseja ser ouvido, ele quer que os outros compartilhem de sua experiência e de seu humor, e vice-versa: Só podemos falar de modo adequado se ouvirmos a pessoa à qual falamos e se prestarmos atenção nos impulsos silenciosos em nosso próprio interior.

A fala é expressão daquilo que ouvimos e daquilo que sentimos como reação ao que ouvimos. Ela é resposta às palavras ouvidas. O prefixo *ant* na palavra alemã *antworten* (responder) remete à palavra grega *anti* e significa: em vista de, diante de. Uma resposta (*Antwort*) significa sempre formar palavras (*Worte*) na presença de outra pessoa e dirigir palavras a ela.

Parte da resposta também é observação. Observo a pessoa à qual respondo e à qual falo palavras que pretendem tocá-la. E dar uma resposta significa lembrar as palavras certas quando olho para e observo o rosto de uma pessoa e nele reconheço seus mais profundos desejos. Minha resposta deseja encontrar palavras que se dirijam a esses desejos e que despertam a esperança de sua satisfação.

Jesus expressa aquilo que ouve do Pai. Assim, em tudo o que dizemos e falamos devemos sempre ouvir a voz do Espírito Santo em nós, que nos fala por meio de impulsos silenciosos de nossa alma. Também é importante ouvirmos as pessoas às quais e com as quais falamos; não ouvimos apenas palavras, ouvimos também o ser humano, a pessoa cuja voz transparece em suas palavras (*personare*, em latim). Ouvimos seu humor, suas emoções, sua postura em sua voz e em suas palavras. Ouvir corretamente significa não julgar, mas absorver o que o outro diz.

Ouvir possibilita encontros. Quando ouço o ser humano eu posso compreendê-lo. O ouvir me liberta de minha solidão. No entanto, sempre ouvimos com preconceitos. Por isso, precisamos estar atentos quando ouvimos e estar dispostos a realmente ouvir o outro. Em seu artigo sobre o ouvir, Karl-Heinz Kleber diz que esse ato exige concentração: "A palavra grega *akouein* ainda conota esse esforço ativo por parte do ouvinte" (KLEBER, p. 636).

É agradável falar com uma pessoa que sabe ouvir. O diálogo se torna automaticamente mais profundo e alcança lugares cada vez mais remotos do coração. Por outro lado, é altamente desagradável conversar com uma pessoa que não ouve. Tenho a impressão de que essa pessoa não ouve nem a si mesma nem a pessoa com quem fala. Fica à espreita, esperando até que o outro diga a palavra-chave para então iniciar seu longo monólogo. Essa pessoa nos soterra sob suas palavras e não suporta pausas ou interrupções. Precisa estar sempre falando. Evidentemente, não ouve o que diz. Talvez pessoas desse tipo tenham medo de ouvir seu coração ou sua alma. Assim, falam apenas banalidades e sobre lugares-comuns. Para essas pessoas, não sou um dialogador, mas apenas uma pessoa que elas usam para satisfazer sua necessidade de falar. Sinto nelas o medo do encontro: consigo mesmas e comigo. Quando isso ocorre, tento escapar o mais rápido possível dessa situação em que estou sendo usado. Quando experimentamos um encontro no diálogo, ele nos transforma. Palavras que apenas encobrem tudo provocam a fuga desse palavreado. Procuro refugiar-me no silêncio e na solidão.

Os gregos refletiram bastante sobre a prática de ouvir. Para eles, esse ato era um "evento afetivo" (MAYR, p. 1.031). Ruídos e sons, diziam eles, não chegam ao cérebro, mas ao diafragma, e lá causam emoções. Ouvir significa em primeira linha ser tocado interiormente. Para o filósofo e pesquisador Teofrasto de Eresos, a audição é o sentido mais emocional de todos, pois as emoções passam pela audição. Quando ouço, compartilho das emoções do outro, e quando nos ouvimos mutuamente nossas emoções são despertadas, tirando-nos da paralisia.

Ouvimos não somente as palavras e seu conteúdo, mas também aquilo que é dito. Reconhecemos nas palavras a intenção: a proximidade ou distância, o amor ou a frieza, a compreensão ou a refutação.

Para os gregos, o ideal era o filósofo que vê; para os romanos, o orador que fala aos ouvintes, que entra em contato com eles, que os cativa e que provoca uma reação neles. Falar e ouvir são essencialmente um processo relacional. Para que uma comunicação possa ser bem-sucedida é necessário que ouçamos com atenção, não apenas as palavras, mas também a voz, a intenção, o estado emocional do falante. Muitos diálogos fracassam porque não conseguimos ouvir, porque tentamos impor nossos próprios argumentos e porque não nos apercebemos da novidade nas palavras do outro, novidade esta que nos permitiria dar um passo além.

A visão nunca para; a audição, porém, ocorre sempre apenas no instante. Ela "entoa, se despede e esvanece" (HALDER, p. 36). O ouvir passa, mas somos sempre ouvintes. "É muito mais fácil fechar os olhos do que os ouvidos. A visão depende muito mais do nosso poder, da nossa vontade, mas normalmente somos forçados a ouvir, querendo ou não" (p. 36). Ouvimos algo, mesmo quando tapamos os ouvidos; mesmo assim ouvimos ruídos lá de fora, como também a nós mesmos. Não podemos não ouvir. Mesmo quando meditamos e ficamos completamente quietos, ouvimos o silêncio, ouvimos aquilo que deseja se manifestar e tomar a palavra dentro de nós.

Joachim-Ernst Berendt fez uma apologia vigorosa sobre o ouvir. Ele afirma que, nesses tempos em que a visão passou a dominar completamente o primeiro plano, seria importante reconquistar algum espaço para a audição.

Para ele, a visão é masculina; a audição, porém, feminina. Quando nos orientamos unicamente pela visão ficamos agressivos. Precisamos voltar a cultivar a audição para ouvir no audível também o inaudível. Martin Heidegger fala de um "ouvir atento". E pensar é, para ele, "ouvir". Pensar significa: ouvir o ser, ouvir a língua na qual o ser se traz ao ouvido. Os Irmãos Grimm descrevem o "carinho especial da audição" (BERENDT, p. 35).

Joachim Scharfenberg, psicólogo evangélico, observa que muitas vezes o sucesso de um diálogo é diminuído pelo fato de não ouvirmos o outro. Muitas vezes não o fazemos de propósito; não prestamos atenção por causa dos nossos próprios assuntos recalcados. Não sabemos ouvir a nós mesmos; não ouvimos nosso inconsciente. Quanto menos ouvirmos nosso inconsciente, menos capazes seremos de realizar um diálogo bem-sucedido. "Na mesma medida em que uma pessoa se vê obrigada a se alienar de determinadas áreas de seu inconsciente e de mantê-las longe do consciente, ela não será capaz de compreender e aceitar essa área em outra pessoa" (SCHARFENBERG, p. 48).

Saber ouvir a mim mesmo é a condição para que eu possa ouvir outra pessoa sem preconceitos. Também existe outra condição para um diálogo saudável: o que o outro me diz não é algo completamente estranho; antes, devo ouvir para que eu me conecte com aquilo que as palavras dele despertam em minha alma.

Em um diálogo autêntico o outro não usa desse expediente para simplesmente passar uma informação. Mas, antes, ocorre um "lembrar-se de experiências próprias", um "despertar do conhecimento ainda adormecido em si mesmo" (p. 51). Esse é o método da filosofia grega, representado sobretudo por Sócrates. Em última análise, o propósito do diálogo é entrar em contato com a sabedoria da própria alma por meio da expressão das próprias experiências e da atenção àquilo que o outro diz. Quando isso ocorre não existe mais qualquer diferença entre mestre e aluno, entre falante e ouvinte. Ambos se fertilizam e se ajudam mutuamente a penetrar na sabedoria da própria alma.

Jesus nos mostra o vínculo entre falar e ouvir na cura do homem surdo e mudo. Podemos nos reconhecer nesse homem. Muitas vezes, emudecemos; dizemos muitas coisas, mas não falamos de verdade, não falamos sobre nossos sentimentos, sendo surdos. Tudo o que entra por um ouvido sai pelo outro. Ouvimos e não ouvimos ao mesmo tempo; ouvimos apenas o que nos agrada e tapamos os ouvidos quando surge um assunto desagradável.

Hoje em dia, muitas pessoas sofrem de um mal chamado *tinnitus*. Esse zumbido constante no ouvido pode ter muitas causas, mas talvez seja um indício de que somos obrigados a ouvir demais, de que ouvimos coisas que não queremos ouvir, de que ouvimos coisas ameaçadoras e agressivas que não nos fazem bem.

Jesus cura o homem surdo e mudo em seis passos:

No *primeiro passo* Jesus o separa da multidão. Precisamos criar um espaço de confiança onde podemos reaprender a ouvir e falar. Precisamos de um espaço seguro sem espectadores, onde duas pessoas podem se encontrar.

O *segundo passo* de cura começa com o ouvir. Jesus coloca o dedo nos ouvidos do homem surdo e mudo. Diz-lhe com esse gesto: todos que lhe falarem, mesmo que de forma agressiva ou crítica, querem estabelecer um relacionamento com você, serem ouvidos por você. Mas ao colocar o dedo nos ouvidos do homem, tampando-os, Jesus lhe diz: Ouça a si mesmo, ouça os impulsos silenciosos do seu coração, ouça o inconsciente que se manifesta no sonho ou em momentos sonolentos, ouça aquilo que se encontra sob a superfície.

No *terceiro passo* Jesus toca a língua do homem mudo com saliva. Este é um gesto maternal; a mãe não julga. Só consigo falar abertamente em um espaço de confiança, onde minhas palavras não são avaliadas. Nesse espaço posso ter a coragem de me abrir por meio de palavras e, assim, me comunicar. Quando o outro percebe que suas palavras me assustam ou que eu as avalio e julgo, ele emudece; não falará mais comigo sobre aquele assunto.

No *quarto passo* Jesus olha para o céu. Isso ilustra que, quando falamos e ouvimos, sempre estamos abertos para a voz de Deus em todas as vozes, para a Palavra de Deus em todas as palavras. O ouvir autêntico é sempre também um ouvir a voz de Deus, que se comunica comigo por meio de uma pessoa específica.

Em *quinto lugar*, Jesus suspira. Ele expressa seus sentimentos; assim, encoraja o homem surdo e mudo a assumir e expressar seus próprios sentimentos.

E então, no *sexto e último passo*, Jesus encerra sua terapia com a palavra "*Effatá* – Abre-te!" (Mc 7,34). Falar e ouvir só funcionam em espaço de confiança, livre de julgamento; só consigo falar quando ouço não só as palavras, mas as pessoas que falam comigo. Então encontrarei a coragem de falar de modo pessoal, e não de forma vazia. Assim, as palavras criam relacionamento; ouviremos e falaremos uns com os outros. A condição para isso é estar aberto para o mistério do outro e para os próprios sentimentos e palavras que se formam no coração.

Língua e fé

Um dos poetas que mais se empenharam na busca pela autenticidade da língua foi o poeta judeu Paul Celan. Gerhart Baumann, professor de Germanística em Freiburg, refletiu repetidas vezes com Paul Celan sobre o mistério da língua. Baumann diz sobre esse poeta sensível: "Nunca usou uma palavra irrefletidamente, em cada uma percebia ainda a multiplicidade de suas ideias originais. Ele se opôs ao esquecimento da língua cotidiana e tentou desdobrar os sentidos conseguintes de uma palavra" (BAUMANN, p. 34).

Em suas palavras, Paul Celan buscou fazer "transparecer aquilo que ainda não é visível, aquilo que já foi visto, mas que ainda não foi reconhecido" (p. 100). Paul Celan não se descrevia como pessoa religiosa, mas nunca perdeu a fé na língua. Para ele, esta era "revelação e consciência, aventura e refúgio; a única coisa imperdível" (p. 97). Baumann conversou com Paul Celan sobre a relação entre fé, poesia e pensamento. "Observávamos como um se revela ao outro, como tudo remete aos outros, como uma fé sem língua é tão despida de sentido como a língua sem fé" (p. 101).

A meu ver, isso é uma descoberta importante: Não existe fé sem língua e não existe língua sem fé. A fé sempre se expressa na língua, mas cada língua revela também a fé ou descrença do falante.

Quando Pedro quis observar os acontecimentos em torno de Jesus lá no pátio do sumo sacerdote, as pessoas lhe disseram: "De fato, tu também és um deles, pois teu sotaque te denuncia" (Mt 26,73). O texto grego, porém, diz: "Tua *lalia*, teu modo de falar te revela, revela quem és". A nossa língua nos revela, revela quem somos, o que cremos e se cremos totalmente.

Nossa fé não depende tanto das palavras pias que pronunciamos, mas do modo como falamos com as pessoas e sobre elas. Em tudo o que falamos expressamos nossa fé ou nossa descrença.

A postura de Paul Celan era extremamente crítica diante de uma língua que "alega saber tudo e nada diz" (BAUMANN, p. 97). Palavras pias são – muitas vezes – expressão de descrença; alegam saber o que não podemos saber. Podemos apenas aludir ao mistério com nossas palavras pias. E quando falamos sobre o ser humano, isso não passa de uma tentativa de encontrar a chave, de adquirir uma noção de seu ser.

Paul Celan também assumiu uma postura crítica diante de Martin Heidegger em virtude do passado nazista deste, mas havia algo que os dois compartilhavam: Ambos acreditavam estar "a caminho da língua". Gosto dessa palavra: todos nós estamos a caminho da língua, a caminho de uma língua apropriada para o nosso convívio e a caminho de uma língua que avança de modo tateante para fazer tinir o mistério de Deus em nossas palavras. A paixão de Paul Celan era a tentativa de "explorar regiões daquilo que ainda não foi expressado [...], de encontrar palavras para aquilo que não possui língua" (p. 112).

Existe uma linguagem que machuca, condena, julga, rejeita, desvaloriza e ridiculariza o outro, levando-o a se defender dela e a se fechar. Torna-se surdo, tapa os ouvidos, não quer ouvir o que o outro diz. Isso é uma proteção que ele constrói contra uma fala que o insulta.

Muitas empresas e instituições públicas cultivam um linguajar frio, fazendo com que as pessoas envolvidas se fechem. Isso porque ninguém quer se expor à frieza do outro. Os Padres da Igreja dizem que nós construímos uma casa com a nossa língua. Já o filósofo alemão Martin Heidegger fala da língua como casa do ser. Diz que "o ser humano tem a estadia verdadeira de sua existência na língua" (p. 159).

Mas não é apenas o ser humano que habita na língua, o ser em si também habita nela. "O ser de tudo o que é habita na palavra. Portanto, a língua é a casa do ser" (p. 166). O que Martin Heidegger quer é: com nossa língua somos responsáveis pelo ser que nos é dado. O ser deve ser experimentado na língua; devemos construir com a nossa língua uma casa na qual o ser pode ser o que é, sem sofrer adulterações.

É preciso construir uma casa com nossas palavras, na qual os outros se sentem bem e podem entrar em contato com sua verdadeira essência.

Essas descrições figurativas do linguajar dizem algo essencial sobre a nossa fala, evidenciado em nosso dia a dia. Uma língua fria constrói uma casa fria, e ninguém quer viver nessa casa. Muitas famílias cultivam uma língua fria ou imprecisa, e, muitas vezes, até mesmo ambígua.

Os psicólogos afirmam que as pessoas adoecem em um ambiente ambíguo, pois não conseguem se orientar; constantemente recebem mensagens imprecisas. Nesse sentido, a terapeuta Virginia Satir fala de uma comunicação ambígua. Essa comunicação, na qual minha linguagem sempre é ambígua e na qual expresso algo diferente daquilo que quero dizer com meu coração, impede que as crianças dessas famílias desenvolvam uma autoestima saudável.

Nosso desenvolvimento e nossos relacionamentos com outras pessoas dependem da comunicação. Satir escreve: "Vejo a comunicação como um enorme guarda-chuva que abarca e influencia tudo aquilo que acontece entre os seres humanos. Assim que uma pessoa nasce, a comunicação é o único e mais importante fator que determina o tipo de relacionamentos que ela estabelecerá com outras pessoas e o que vivenciará em seu ambiente" (SATIR, p. 49). Dessa forma, Satir demonstra a importância da língua falada dentro de uma família.

Evidentemente, a língua não é algo apenas externo que posso aprender rapidamente, como um "truque educacional" que garante o sucesso. Ela exige atenção e aprendizado constante para que eu possa realmente expressar aquilo que quero, para que minha língua e meu coração estejam em harmonia. A minha língua precisa ser expressão de minha fé: em Deus, no sentido da vida, em minhas crianças.

As crianças percebem rapidamente quais as mensagens que seus pais lhes transmitem, se sua linguagem expressa fé, esperança e amor, ou insatisfação, conflito, desesperança e frieza. A fé em Deus precisa se expressar na fé no ser humano. Conheço cristãos que se empenham sinceramente pela fé, mas, por outro lado, veem seus filhos com um olhar pessimista. Sua fé não domina sua fala, não impregna o modo como falam sobre e com seus filhos.

O fato de minha língua ser expressão de minha fé ou de minha descrença é decisivo para a casa que pretendo construir e para a minha empresa. O clima de uma organização depende da linguagem empregada; se ela for fria, ninguém desejará morar ou participar dela.

As empresas precisam atentar para o linguajar empregado. Conheço muitas que proíbem o uso de expressões militares. Alguns podem achar isso exagerado, mas essas expressões afetam o clima cotidiano, pois geralmente são agressivas em relação a outras pessoas e aos concorrentes. Consequentemente, essa agressividade acabará se infiltrando no convívio dos funcionários, com colegas passando a ser tratados como concorrentes e excluídos do convívio amigável; estruturas antigas são abaladas e destruídas.

Um linguajar que magoa e insulta gera uma alta taxa de ausência em decorrência de doenças provocadas. Quando um chefe faz uso da fala para ridicularizar outros, ninguém conseguirá construir um relacionamento baseado em confiança nele; cada um tentará se proteger dele. As palavras denunciam esse chefe; revelam se ele acredita ou não em seus funcionários.

Uma linguagem atenciosa também é importante em comunidades monásticas. Quando falamos sobre este livro, o mestre dos noviços de Münsterschwarzach, o Irmão Pascal, observou que em algumas comunidades domina a mudez. O resultado disso é que essas comunidades não dão ouvidos à fala dos jovens; não falam a mesma língua e, assim, não há comunicação.

Consequentemente, não existe comunhão. A falta de disposição de conversar de forma atenciosa e de aceitar o desafio que o linguajar de jovens muitas vezes representa leva ao fracasso da comunhão. Esses jovens não se sentem compreendidos e, assim, propagam-se a decepção e a frustração.

A língua é um caminho importante para a criação de comunhão. Em muitas comunidades falamos sobre os outros ou sobre política; demonstramos nossa insatisfação com determinados políticos, bispos e padres. Esse tipo de conversa aliena os membros de uma comunidade e um convívio sincero se torna impossível. Anos atrás, sob a liderança do Abade Fidelis Ruppert, aprendemos com muito esforço a falar uns com os outros em nossa comunidade: Münsterschwarzach. Hoje, nem sempre conseguimos fazer isso, mas estamos cientes de que a linguagem de uma comunidade é decisiva para criar uma casa na qual também os irmãos jovens se sintam bem-vindos.

A fala dos políticos e dos jornalistas marca a atmosfera de uma sociedade; quando é julgadora, exclui determinadas pessoas, gerando postura de rejeição. Os políticos que se servem da língua apenas para derrotar os outros deturpam a essência dessa língua; falam de sua própria infalibilidade e expressam sua vaidade, mas não falam do essencial.

Eles deveriam usá-la com cuidado, expressando fatos de uma maneira que corresponda à sua natureza. Ao mesmo tempo, ela deveria ser uma língua de esperança, de que as dificuldades podem ser vencidas.

A língua denuncia os políticos. Por isso, os estrategistas dos partidos deveriam educá-los para uma fala reconciliadora, encorajadora e esperançosa. Alguns políticos cristãos nem perceberam como seu linguajar os afastou de sua fé. Apesar de ainda defenderem valores cristãos, seu linguajar deixou de ser a fé, passando a ser de descrença, julgamento e acusação.

A sensibilidade de Paul Celan em relação a uma língua que não alega saber tudo, mas permite que o invisível transpareça, é um desafio também para a Igreja. Em princípio, ela deve ser um lugar da fé; porém, quando ouço determinadas homilias, descubro nelas sua ausência. As palavras são pias, mas a fé – ou a esperança ou o amor – não se expressam nesse linguajar.

Apesar de afirmarem que as pessoas deveriam ter mais fé e amarem de forma mais intensa, muitas vezes as palavras dos pastores não expressam fé nem amor; parecem ser invocações daquilo que não está presente e que não se percebe na língua.

Quando um pastor descreve primeiramente o mundo ruim para depois falar da fé como solução, não consigo reconhecer nisso uma fé saudável. Sua língua denuncia que, na verdade, e sem se dar conta disso, ele está falando sobre aquilo que há de ruim em seu próprio coração. Suas palavras não despertam a fé em seus ouvintes; eles percebem resignação e falta de esperança em suas palavras.

E a solução mágica que o pastor oferece em forma de fé não convence. Por isso, creio ser muito importante buscar um linguajar que expresse nossa fé de tal forma que o ouvinte também a perceba. Ele descobre imediatamente se o pastor acredita naquilo que diz e se suas palavras transmitem a fé da qual falam. Muitas vezes, as palavras do pastor tentam impressionar os ouvintes, seja por meio de uma linguagem muito eloquente, moralizante ou acusadora. Mas essa não é a língua da fé, mas da incredulidade – preciso moralizar porque não tenho fé no ser humano ao qual eu me dirijo com minhas palavras.

Em seus ensaios muitas vezes difíceis sobre a língua, Martin Heidegger expressou algo importante em relação à fé e ao pastor. Ao interpretar um poema, ele diz que designar uma coisa também significa convidá-la: "O fato de as coisas dizerem respeito às pessoas, convida as coisas" (HEIDEGGER, p. 22). Preciso falar de tal maneira sobre as coisas, que elas passam a dizer a respeito ao ser humano.

Heidegger acredita que algo acontece na língua. "Aquilo que assim ocorre, a essência do ser humano, é levado ao que lhe é próprio por meio da língua" (p. 30). Quando a homilia corresponde à essência da língua, algo acontece nela. Aquilo que é invisível e incompreensível passa a ocorrer para o ser humano, e quando isso ocorre, este encontra o que lhe é próprio: sua essência. Provavelmente, nunca faremos jus a essa exigência; mas ter a noção de que as nossas palavras criam uma realidade, de que elas aproximam o ser humano do incompreensível, talvez já nos leve a falar de forma mais atenciosa.

O como falamos sobre a nossa fé em público é outra questão. Que tipo de fala empregamos para expressar de forma autêntica a nossa fé e para que nossos interlocutores nos entendam? Vejo dois aspectos importantes:

Como *primeira tarefa*, preciso ouvir meu próprio anseio. Qual é o meu desejo mais profundo? Como posso encontrar na fé uma resposta para o meu anseio? Depois devo estar atento ao anseio das pessoas. A pessoa com a qual estou falando tem o mesmo anseio? Ou será que deseja coisas diferentes? E qual é o objetivo último de seu anseio?

Primeiramente preciso ouvir a mim mesmo e ao outro antes de encontrar uma língua que verbalize de forma adequada a minha fé e que, então, eu possa transmiti-la para o outro. Para mim, isso é uma luta sincera e constante que nunca chega ao fim; sempre permanecerei "a caminho da língua", e nunca a alcançarei completamente.

A *segunda tarefa* é encontrar uma língua que eu mesmo entenda. Como posso expressar aquilo que creio, de tal forma que eu o compreenda? Mas antes de poder expressá-lo preciso entendê-lo. A busca pela compreensão acontece em meu interior, e essa busca dentro de mim já é um evento linguístico. Falo com minha própria alma e tento encontrar palavras nesse diálogo interior que me satisfaçam e que deem uma resposta às minhas perguntas mais profundas.

Pode servir de ajuda travar esse diálogo interior e responder às minhas perguntas em voz alta. Ao ouvir minhas próprias palavras sinto se elas são autênticas ou se são meras repetições de fórmulas vazias. Ao procurar as palavras que correspondem à minha busca íntima, minha fé se torna compreensível e, então, posso assumi-la.

Apenas quando entendo a própria fé e passo a assumi-la, consigo encontrar a língua que permite comunicar minha fé aos outros. Não deve ser um linguajar missionário que pretenda convencer o outro da minha fé ou do meu ponto de vista. Esse tipo de fala tem a ver com testemunhar; dou testemunho daquilo que importa para mim e que me sustenta.

A palavra grega para testemunhar é *martyrein*. Significa em primeiro lugar lembrar-me dos fatos diante do juiz e testificá--los. A palavra se aplica também ao filósofo que testifica aquilo em que acredita.

Encontramos uma bela descrição desse testemunho da nossa fé na Primeira Epístola de São Pedro: "Estai sempre prontos para responder àqueles que perguntarem pelo motivo de vossa esperança. Mas fazei-o com mansidão, respeito e de boa consciência" (3,15s.). A situação que Pedro tem em mente é a pergunta dos vizinhos gentios "pela razão de sua conduta transformada e diferente e de seus 'atos do bem'" (BROX, p. 160). Trata-se de uma situação que encontramos ainda hoje. Mas isso significa também que não devemos propagar a nossa fé por iniciativa própria, mas devemos primeiramente chamar a atenção de nosso vizinho para ela, por meio da nossa conduta cristã. Então, a pergunta do nosso próximo nos desafia a prestar conta de nossa fé e de nossa esperança. Qual é a razão verdadeira pela qual estou em paz comigo mesmo e com os outros, pela qual sou capaz de amar as pessoas e de não pensar em minha própria vantagem?

Precisamos de um linguajar que consiga explicar isso; porém, ele deve ser conciliador, e não agressivo. A expressão grega *meta praytetos kai phobou syneidesin echontes agathen* (1Pd 3,16) significa: "de modo manso e respeitoso, com boa consciência" (trad. de BROX, p. 156). Falamos corretamente sobre a nossa fé quando fazemos transparecer algo da esperança que temos em nós.

A Primeira Epístola de São Pedro nos diz que a língua expõe a vida. Ela expressa aquilo que transparece em nossa conduta e em nosso ser, e precisa ser mansa e humilde; não deve julgar nem se elevar acima dos outros. Sempre deve demonstrar respeito pelo outro. Quando tento doutriná-lo, abandono o respeito, colocando-me acima dele.

A linguagem empregada deve expressar minha consciência. Isso significa que ela precisa ser autêntica, que o meu expressar torne visível o que pratico ou tento realizar. Também deve expressar meu coração e meu conhecimento mais íntimo.

O que precisamos não são justificativas racionais para a fé, mas de um linguajar que vem do coração. As pessoas percebem muito bem se nós, cristãos, falamos essa língua mansa e respeitosa que vem do coração, ou se nos escondemos por trás de fórmulas religiosas ou ainda se falamos de forma moralizante e ameaçadora sobre a nossa fé, como: "Quem não tem fé não consegue ter uma vida verdadeira".

Às vezes percebo nessas justificativas que a pessoa que as apresenta não consegue ter uma vida autêntica, necessitando de sua fé para justificar sua própria carência. Porém, nossa fala deve provir de uma fé que se manifesta em nosso ser e em nossas ações.

A língua religiosa

Cada língua denuncia sua fé ou sua descrença. Existe também, porém, a língua especificamente religiosa.

Em uma palestra realizada na Academia da Bavária, em 1959, Romano Guardini analisou a natureza da língua religiosa. Ela não significa – como muitos acreditam em um primeiro momento – usar palavras pias, repetir as palavras da Bíblia ou recitar o catecismo. A pergunta é: O que faz da língua uma língua verdadeiramente religiosa?

Romano Guardini diferencia entre a fala religiosa verdadeira e a fala religiosa falsa. "A fala religiosa é aquela que narra a experiência própria ou que acompanha de forma empática a fala do outro. Falsa é a fala que recorre a palavras religiosas para fins sociais, estéticos ou políticos" (GUARDINI, p. 15).

Para Guardini, uma língua só pode ser religiosa se vier do interior, e cita o cientista da religião Rudolf Otto. Segundo este, fazemos experiências religiosas com coisas seculares. Mas há algo nessas coisas seculares que nos toca, chamando-as de "o sagrado" ou "o numinoso". Romano Guardini fala de "o mistério".

Um problema existe para ser solucionado; o mistério existe para que, "nele, o si-mesmo religioso respire" (p. 20). Quando olhamos para o céu estrelado ou entramos em uma clareira no meio de uma floresta, encontramos ali o mistério ou a realidade religiosa. Não podemos contemplá-la objetivamente. Mas ela nos afeta, transmite-nos o sentido decisivo para a nossa vida.

A língua religiosa expressa a experiência religiosa, mas ela o faz por meio de palavras que vêm do mundo: "A princípio, mostrará ao ouvinte algo do mundo, algo imediatamente familiar; ao mesmo tempo, porém, lhe diz que fala dessa coisa do mundo como expressão daquilo que não é do mundo, do essencial, e o incentiva a transcender o mundo em direção a ele" (p. 22).

Para mim, esta é uma observação importante: a língua religiosa é a arte de falar sobre as experiências com a humanidade, com a natureza e com os eventos históricos, de tal forma que ela revele ao ouvinte algo do mistério de sua vida, da ação misteriosa de Deus.

Em sua palestra sobre a língua religiosa, Guardini não fala sobre a língua da liturgia, mas principalmente sobre a língua dos poetas e místicos. Segundo ele, a língua religiosa é uma língua em imagens. Quando o filósofo neoplatônico Plotino chama Deus de fonte verdadeira, todos que vivenciaram o fluxo e o frescor de uma fonte entendem algo dessa afirmação religiosa. Eles vislumbram algo do mistério de Deus, pois o religioso é expressado em imagens. Guardini cita um hino medieval sobre a Trindade, criado nos círculos do Mestre Eckhart:

> O caminho te leva
> para um deserto maravilhoso.
> Atravessa sem caminho
> a estreita ponte.

Estes versos consistem de opostos. O caminho atravessa o deserto sem caminhos, e devemos atravessar a ponte sem caminho. Essas imagens paradoxais abrem nosso espírito para o divino, que se encontra além de todos os opostos.

Para Romano Guardini, a língua religiosa é uma língua que transforma. Encontramos essa língua transformadora sobretudo na poesia. Guardini cita uma passagem dos "Demônios", de Dostoiévski, onde Kirilloff diz sobre uma folha: "Uma folha é boa. Tudo é bom" (GUARDINI, p. 30).

Aqui transparece a noção da apoteose, que ocupa um lugar tão central na espiritualidade russa: "No futuro, toda a criação será tomada pelo *pneuma* e transformada em beleza e santidade" (p. 31). A sensação de maravilha que essa folha desperta em Kiriloff se transforma em "visão do numinoso".

Guardini reconhece uma arte semelhante no poeta alemão Rainer Maria Rilke, que, na sétima Elegia de Duíno, fala da "abundância das coisas terrenas que se apodera do coração". Aqui, também, são as coisas terrenas que nos permitem vislumbrar algo do mistério de Deus.

A língua religiosa sempre ousa o passo para o aberto: do barulho para o silêncio, do espaço para o sobre-espacial, do exterior para o interior. Essa é a arte da língua religiosa, que nada tem a ver com sentimentalismo religioso. A arte da língua religiosa consiste em falar correta e adequadamente sobre aquilo que encontra no mundo, mas deve falar de tal modo sobre as coisas do mundo que o outro – o numinoso, o mistério – transpareça nelas.

Isso é algo que poucos pregadores ou escritores religiosos conseguirão realizar por completo. Os poetas dominaram essa arte, mas algo da qualidade da poesia verdadeira deveria se manifestar também em nossa língua religiosa. Caso contrário, ela se transforma em uma língua esotérica, compreendida apenas por aqueles que se instalaram nesse círculo de iniciados.

Romano Guardini acredita que a língua religiosa deveria tocar todas as pessoas, pois em todas as pessoas existe uma noção do sagrado e do numinoso. Uma língua puramente religiosa, que recorre apenas a palavras religiosas sem nenhum vínculo com o mundo, não toca as pessoas. Ela passa despercebida por elas, porque não conseguem reencontrar nela seu mundo nem a si mesmas. No entanto, a língua religiosa não é apenas uma narrativa secular, é também a arte de abrir o mundo para o espaço sobrenatural e numinoso. É a arte de abrir o céu sobre a terra, na qual vivemos dia após dia.

A linguagem do corpo

Mesmo antes de começar a falar com a língua, o ser humano já fala com o seu corpo, que, por sua vez, fala o tempo todo. Em minhas viagens de trem costumo observar as pessoas na plataforma. Suas posturas enquanto esperam, andam ou como se sentam num banco; tudo isso já me diz algo sobre aquelas pessoas. Nosso corpo nos denuncia: a postura de um é insegura e revela insegurança. Outro ostenta sua ausência da forma como se senta no banco – como um ponto de interrogação –, sem qualquer forma. Prefiro não ter contato com uma pessoa tão despida de estatura. Outro, ainda, repousa em si mesmo. Ele encontrou seu centro, e sua linguagem corporal convida os outros a entrarem em contato com ele. Uma outra pessoa anda com ombros tensos, revelando o medo que a impulsiona e a obriga a agarrar-se a si mesma. Outras conhecem seu caminho e demonstram autoconfiança em seus passos. Há aquelas que parecem não saber para onde vão, deixando-se levar pela vida. Não ouço palavras, mas entendo a língua que cada uma dessas pessoas fala.

Quando conversamos com alguém, falamos ao mesmo tempo com a nossa língua e com o nosso corpo, sendo que muitas vezes essas maneiras de se expressar não se harmonizam. Dizemos ao outro que estamos interessados em seus problemas, mas nossos braços cruzados mostram que nos fechamos e não queremos sua proximidade. Ou afastamos nossos corpos, demonstrando, assim que, na verdade, ele não nos interessa. Ou, ainda, começamos a mexer em algum objeto, demostrando que não queremos nos misturar com ele.

Nosso interlocutor reconhece não só em nossa postura e nos gestos de nossas mãos como nos sentimos em relação a ele, mas sobretudo em nossa mímica. Quando olha para um rosto fechado, sabe, por exemplo, que o vemos apenas como cliente, não como ser humano. Quando olha para um rosto com um sorriso eternamente estampado, isso também provoca insegurança, pois ele se pergunta se esse sorriso é autêntico. Nossa mímica lhe revela como reagimos às suas palavras, se realmente sentimos empatia ou se apenas a simulamos em nossas palavras. Nossa mímica lhe revela também se o aceitamos ou se rejeitamos e condenamos aquilo que ele nos conta; portanto, se rejeitamos e julgamos sua própria pessoa.

Quando assisto a uma palestra presto atenção não só nas palavras ditas, mas também observo na expressão corporal. Observo a postura do palestrante; se ele está centrado ou se fica andando para lá e para cá; se está simplesmente presente ou constantemente tentando provocar um efeito. Sua postura e seus gestos me revelam se está aberto para algo maior ou se deseja ser apenas o centro das atenções.

Observo também suas mãos. Seus gestos correspondem às palavras? Ou são artificiais? Eles me passam a impressão de terem sido praticados e estudados para provocar determinado efeito? Seus gestos são autênticos?

Os gestos de uma pessoa podem revelar sua postura interior. Uma postura autoritária pode ser demonstrada por meio de gestos como o dedo erguido, ou seu dedo denuncia sua postura professoral. Suas palavras podem ser mansas, mas gestos agressivos – como a mão em forma de punho ou movimentos abruptos – podem revelar a agressão recalcada do orador.

Há atletas, cientistas e políticos que prejudicaram suas carreiras fazendo uso de linguagem corporal inapropriada. Um caso famoso é o sinal de vitória ostentado por Josef Ackermann, ex-chefe do Deutsche Bank, durante um processo. Um jornalista o provocara a fazer esse gesto. Ackermann queria corresponder a seu pedido de uma imagem forte, mas ele não estava ciente da reação negativa que aquele gesto provocaria no público. Assim, teve de aprender de forma dolorosa a importância de estarmos atentos à maneira como nosso corpo se comunica com as pessoas.

Palavras *e* gestos impensados podem causar grandes danos. Devemos expressar aquilo que está dentro de nós, e não podemos permitir que outros nos obriguem a assumir uma postura que não corresponde ao nosso ser.

Quando nosso linguajar vem do coração, isso se expressa tanto em nossa voz como em nossos gestos, pois sempre falamos com a totalidade de nosso corpo. Os alemães acreditam que isso é algo tipicamente italiano, mas todas as pessoas reforçam suas palavras com seus gestos e sua mímica.

Como já mencionei, às vezes a mímica contradiz as afirmações do palestrante. O psicólogo norte-americano Albert Mehrabian analisou mais de perto a importância dos elementos não verbais na comunicação. Ele alega que apenas 7% do efeito comunicativo se devem ao conteúdo linguístico; 38%, porém, à expressão verbal (à voz e à entoação); e 55% à expressão corporal.

Podemos achar essa divisão um tanto exagerada; podemos até criticá-la, pois determinar o efeito de cada elemento não é tarefa tão fácil. Mas essas análises evidenciam uma coisa importante: em uma fala autêntica a expressão linguística (palavras, sintaxe), a expressão verbal (voz) e a expressão corporal na mímica e nos gestos precisam harmonizar.

Na liturgia o padre precisa executar determinados gestos. Também neles podemos notar se são autênticos ou não, se eles foram apenas treinados e adquiridos ou se vêm do coração. Em muitas ocasiões a linguagem gestual do padre pode expressar sua desatenção, conflito interior e falta de espiritualidade.

As pessoas observam o padre atentamente. Já no início da celebração é possível perceber se ele se põe a serviço de Deus ou se deseja apenas representar a si mesmo; se está apresentando um gesto sagrado ou o seu próprio drama teatral. A questão não é treinar os gestos corretos de forma meramente externa. Antes, devemos prestar atenção em nossa postura interior que, então, se expressará também no corpo.

A língua da liturgia

Hoje em dia a língua litúrgica já não diz muito às pessoas. Para muitas, as orações e prefácios são incompreensíveis. Alguns padres tentam reformular as preces de forma pessoal, mas o resultado não é melhor. Muitas vezes usam uma linguagem coloquial que não corresponde à "santidade da missa". Também a liturgia pode ser diluída se o padre sentir necessidade de comentar e explicar tudo.

As orações clássicas são agradavelmente sucintas, enquanto as orações reformuladas muitas vezes parecem ser infindáveis. Elas falam de Deus com palavras tão inteligíveis, que nisso se perde o mistério do Deus incompreensível. Essa língua sabe demais.

Um fato importante é como essas orações pré-formuladas são recitadas, percebendo se o celebrante acredita nelas e se elas são expressão de sua própria experiência. Também é importante como as palavras pessoais da introdução e da homilia chegam ao coração das pessoas.

A língua da liturgia é vinculada a determinadas posturas corporais. O padre estende os braços para a oração ou eleva as mãos para o céu. A postura de suas mãos confere uma expressão e força específicas a suas palavras. Muitas vezes, porém, o corpo não reflete o que as palavras dizem. O padre poderia aprender muito com os atores, pois neles os gestos e a fala se harmonizam.

Os participantes de uma missa nunca ouvem as palavras da liturgia sem experiências anteriores, ou até mesmo sem preconceitos. Algumas palavras evocam antigas experiências de vida. Por exemplo: a liturgia fala muito de sacrifícios ou de pecado e culpa. Pessoas que, em sua infância, foram constantemente acusadas, reagem com oposição quando ouvem essas palavras; não querem ser sempre chamadas de peçadoras. O sacrifício as lembra imediatamente do sacrifício de expiação, e surgem pensamentos como: "Sou tão mal assim, que Jesus teve de sofrer uma morte tão cruel para expiar os meus pecados?"

Para mim, essas palavras representam imagens que abrem uma janela para o mistério da morte de Jesus. Mas elas não evocam em mim a imagem de um sacrifício sangrento, e sim o aspecto de amor e entrega. A fala do sacrifício é apenas uma imagem que expressa o mistério da cruz. Outras imagens são muito mais importantes: a cruz é consumação do amor; nela, Jesus nos abraça com nossas contradições. O Evangelho segundo São João compara a imagem da cruz com a imagem da cobra de bronze. A cruz é, portanto, uma imagem para a cura das nossas feridas.

Não devemos excluir nenhuma imagem da Bíblia, sendo que é nossa obrigação apresentar às pessoas a riqueza das imagens para que possam se libertar da fixação na imagem que elas percebem como ameaçadora.

Não é fácil expulsar da cabeça das pessoas antigas concepções dolorosas. Alguns padres tentam amenizar as orações litúrgicas, mas assim elas se tornam banais e perdem sua força. A tarefa do padre seria criar uma atmosfera do sagrado e da graça misericordiosa por meio de sua própria linguagem. Nessa atmosfera, até mesmo as palavras de pecado e culpa recebem seu sentido e sua razão. Nessa atmosfera, já não acusam mais, mas libertam. Falam de uma realidade que existe também em nosso meio: o fato de vivermos uns com os outros sem convívio verdadeiro e de termos sentimentos de culpa. Assim, sua menção não representa um peso, mas uma libertação. Essas palavras precisam ser interpretadas e expostas também na homilia. Nela, antigos padrões de vida poderiam ser discutidos e resolvidos.

A liturgia vive de rituais, e estes são acompanhados de palavras que os interpretam. Às vezes, palavras previstas não conseguem interpretar os rituais da forma que as pessoas os entendam. Por isso, é necessário interpretar os rituais antigos de tal forma, que as pessoas possam compreender e senti-los. São rituais com poder de cura, rituais que fazem bem, que abrem um novo horizonte e que aproximam do poder curador e libertador de Jesus Cristo.

Sem interpretação, os rituais se tornam vazios. Durante os cursos, celebro a Eucaristia com os participantes e explico alguns deles, como o sinal da cruz, o erguer a hóstia consagrada e o cálice. Para muitas pessoas, isso é como uma revelação. De repente, compreendem que o propósito desses rituais é sua transformação e cura.

Existem sempre os dois caminhos: apresentar as orações e os textos pré-formulados de forma autêntica ou, em casos individuais, formular palavras próprias para determinados rituais. Quero explicar isso com um exemplo. Em cerimônia de casamento sempre falo com os noivos a respeito do rito e de seu significado. À pergunta sobre a disposição de viver um matrimônio cristão, posso limitar-me às formulações predefinidas, mas também posso convidar os noivos a explicarem aos convidados, com as próprias palavras, por que estão ali na igreja, assumindo esse compromisso diante de Deus.

Quando peço aos noivos para que formulem em palavras próprias aquilo que esperam do casamento na Igreja e da bênção de Deus, eu os desafio a refletirem sobre seu caminho, sua fé e sobre o matrimônio cristão. Peço, então, que escrevam seus pensamentos. Não precisam lê-los em voz alta, mas o ato de escrever gera uma clareza em relação àquilo que realmente é importante para eles, e perceberão que não é tão fácil assim expressar em palavras o que os une e o que esperam da bênção de Deus.

Algo semelhante vale para os votos de matrimônio. Os noivos podem escolher um dos três votos previstos. Se o recitarem com toda convicção, o rito possui um grande poder. Mas ofereço aos noivos também a opção de reformularem esse voto e de anotá-lo no papel. Isso provoca reflexão neles. Percebem que também o voto pré-formulado possui uma força. Mas agora, quando optam por ele, foi transformado em palavra sua, não sendo mais uma palavra estranha.

Quando, porém, tentam formular seus próprios votos, isso desencadeia neles um processo de reflexão e percebem que não é fácil expressar em palavras próprias a função dos votos. Quando falamos abertamente sobre isso, os noivos desenvolvem um apreço também para os textos pré-formulados; as palavras revelam uma força nova. Alguns noivos conseguem expressar muito bem em palavras pessoais o que desejam prometer ao outro. No entanto, essas palavras não podem ser aleatórias; elas precisam tornar visível o compromisso incondicional com o outro perante toda a comunidade reunida.

Durante uma visita a Taizé há quatro décadas, a leitura dos textos bíblicos me tocou profundamente. Cada palavra me fez sentir que era a Palavra de Deus que estava sendo proclamada. Quando ouço as leituras em algumas igrejas, tenho a impressão de que o leitor luta com o texto para apresentá-lo bem, mas aí deixa de ser proclamação; a Palavra de Deus não se torna audível. Não estou falando apenas de uma técnica de leitura, mas também de uma sensibilidade para com a Palavra de Deus. Quando eu me sentir tocado por ela, eu a apresentarei de forma adequada.

Recentemente, os bispos alemães enfatizaram repetidas vezes a primazia da celebração da Eucaristia sobre a Liturgia da Palavra. Evidentemente, a Eucaristia é o auge da liturgia. Nela celebramos a morte e a ressurreição de Jesus Cristo, simbolizando que tudo em nós pode ser transformado: estarrecimento em vivacidade, escuridão em luz, imobilidade no sepulcro em movimento vigoroso, e o fracasso em um começo novo. Também necessitamos de outras formas de liturgia.

Por um lado, a Liturgia da Palavra vive da força da Palavra de Deus, e quando a Igreja fala do "Sacramento da Palavra", este deveria ser vivenciado justamente na Liturgia da

Palavra. As Escrituras são palavras sagradas que desejam tocar nossos corações, mas para isso elas exigem atenção e abertura em sua proclamação.

Por outro lado, a Liturgia da Palavra vive de rituais. Ela poderia se transformar em ocasião para novos rituais que as pessoas celebram entre si. Rituais geram comunhão; são ocasiões em que as emoções se expressam – emoções que, talvez, jamais se manifestariam em outros lugares. Rituais – diziam os gregos – criam um lugar sagrado e um tempo sagrado. Para os gregos, apenas o sagrado é capaz de curar; assim, os rituais na Liturgia da Palavra poderiam levar o poder curador de Jesus Cristo às pessoas.

Há alguns anos celebramos em Münsterschwarzach missas de bênção nas passagens mais importantes do ano: a primeira por volta do dia 2 de fevereiro, a missa de penitência antes do Domingo de Ramos, outras missas por volta dos dias 24 de junho e 2 de novembro – normalmente na noite de quarta-feira. A missa da bênção vive da palavra, do ritual e da música. Músicos acompanham a celebração com cânticos meditativos que permitem que as palavras penetrem ainda mais o coração.

Quero compartilhar alguns exemplos. Em uma celebração de 2 de fevereiro distribuí pequenas velas entre os participantes. Elas foram acesas na igreja às escuras para que simbolicamente a luz iluminasse primeiro as regiões escuras da nossa vida. Então, caminhamos em silêncio pela igreja, acompanhados pelos sons de um violino. Em outra missa usei a Parábola da Moeda Perdida como imagem para essa caminhada pela igreja: Procuramos em nós o nosso eu perdido, nosso centro perdido, os ideais perdidos, a alegria perdida, a fé perdida, o amor perdido.

Em outra missa de bênção usei a imagem do hino "Maria durch ein Dornwald ging" (Maria em uma floresta de espinhos), que um confrade entoou repetidas vezes com seu violino. Atravessamos com a luz de Jesus Cristo a floresta de espinhos em nosso dia a dia. Segundo uma palavra de Jesus, a floresta de espinhos é uma imagem para as preocupações que ameaçam nos sufocar no dia a dia, mas representa também as feridas de nossa biografia e as muitas provocações que sofremos cotidianamente. Esse tipo de ritual leva a mensagem da Festa de Nossa Senhora das Candeias aos corações das pessoas. Assim, vivenciam a mensagem.

Para a missa do dia 2 de novembro escolhi o tema "Descobrir nossas próprias raízes". Os santos e os falecidos que conhecemos pessoalmente, sobretudo nossos parentes e ancestrais, são as raízes das quais vivemos. Durante a celebração meditamos em pé sobre a árvore que nós mesmos somos. Nossa árvore tem raízes profundas e ela desdobra uma copa no alto; somos seres da terra e do céu. Nossas raízes são nossos ancestrais, seu vigor e sua fé. Por meio de rituais compartilhamos de seu vigor e de sua fé.

Na missa de bênção abrimos nossas mãos na forma de concha e meditamos sobre aquilo que se inscreveu em nossas mãos. Reconhecemos em suas linhas a nossa biografia. Deus colocou habilidades em nossas mãos, mas também a história de nossos ancestrais se inscreveu nelas. Então erguemos as mãos em oração, no gesto primordial da bênção. Os primeiros monges interpretaram esse gesto não só como bênção, mas também como lembrança de que nossos dedos se estendem para o céu.

Quando rezamos o Pai-nosso fazendo esse gesto conseguimos imaginar que o rezamos juntamente com os falecidos. Lembramo-nos daquilo que nossos pais e avós invocavam em cada palavra, como conseguiram vencer todas as crises com essas palavras. E imaginamos que rezamos essas palavras juntamente com eles. Oramos como pessoas que buscam, que duvidam, que creem – nossos falecidos oram agora como pessoas que contemplam lá do céu. Assim, essa oração nos conecta com eles. Ela abre o céu sobre nossas vidas; compartilhamos das raízes de nossos ancestrais, e isso dá força e segurança à nossa vida.

A língua litúrgica é uma língua que possui a dignidade da ancianidade. Ela precisa ser cuidada e revisada, mas perderíamos muito se excluíssemos cada formulação criada ao longo de séculos e que tem tocado o coração das pessoas com seu imaginário, simplesmente porque algum aspecto não nos agrada. É importante recitarmos a língua da liturgia de uma forma que permite ao ouvinte vivenciar seu imaginário e ouvi-la como convite – como diz Martin Heidegger; de permitir que aquilo que é se faça presente também em nossos corações.

Teólogos pastorais e litúrgicos refletem sobre como traduzir os antigos textos litúrgicos para as línguas maternas, para que, assim, as pessoas possam compreendê-los. Em seu artigo na edição de junho de 2012 da revista *Anzeiger für die Seelsorge*, Karl Schlemmer afirma que o mais importante é as pessoas compreenderem a língua litúrgica. Para isso, as palavras precisam vir do coração: "Uma língua e conteúdos simples e modestos, que consigam tocar os cristãos de hoje, são indispensáveis para os atos de fala das celebrações" (SCHLEMMER, p. 13).

Mas há alguns anos Roma vem exigindo que os textos latinos sejam traduzidos da forma mais literal possível, sem levar em consideração sua compreensibilidade. A linguística nos diz que isso é um contrassenso, pois cada língua possui seu próprio modo de pensar. E a tradução jamais pode ser apenas literal, precisando transpor o texto original também para a língua, em seu fluxo e ritmo próprios.

O cientista litúrgico de Würzburg Martin Stuflesser observa que, caso as diretrizes romanas fossem observadas nas traduções, o resultado não seriam traduções, mas "neologismos, novas palavras que não conseguem (nem desejam) ocultar sua origem latina. No entanto, duvido se essa fidelidade aos originais latinos realmente serve à compreensibilidade do texto traduzido" (STUFLESSER, p. 21). Traduzir é uma arte, e fazê-lo da forma mais literal possível não faz jus a ela. Pois traduzir também significa transpor algo para outro espaço e outra percepção linguística.

Não só a língua dos textos litúrgicos exige grande sensibilidade, mas também a língua do pregador. Johannes Röser, editor-chefe da revista *Christ in der Gegenwart*, critica que alguns pregadores cultivam cada vez mais a "língua de fórmulas religiosas muitas vezes vergonhosamente vazia e triunfalista" (apud SCHLEMMER, p. 14).

Quando ouço uma homilia sempre presto muita atenção no linguagem empregada, se é adequada ou se consiste apenas de palavras vazias Ela é apenas treinada ou ela vem do coração? Tenta agradar aos ouvintes ou reflete a linguagem típica de um teólogo? O orador faz uso de seu linguajar para estabelecer contato com as pessoas? Ele responde às perguntas ou desenvolve uma fala que pode até ser harmoniosa, mas que não toca ninguém?

Em sua contribuição para a edição supracitada da revista *Anzeiger für die Seelsorge*, Pierre Stutz sugere algumas ideias para uma nova língua na liturgia. Ele demonstra como o pregador encontra palavras novas para o indizível, "para o evento do amor de Deus nos altos e baixos de nossa vida" (STUTZ, p. 15). Não devemos apenas encontrar uma língua nova, mas permitir que, no silêncio atento, "as palavras novas nos encontrem" (p. 17).

Precisamos reservar tempo para o silêncio, para nos esvaziar das palavras nesse silêncio. Nossa fala não pode se transformar em uma "diarreia verbal", como o teólogo pastoral de Viena, Paul Michael Zulehner, chama a isso de "ocorrência inflacionária de palavras nas nossas liturgias".

O pedagogo de religião Hubertus Halbfas fala do "ponto morto da língua da fé" e defende que devemos parar de separar a experiência de Deus da própria experiência. Falar de Deus significa sempre falar também do ser humano, e vice-versa. Precisamos falar de tal forma do ser humano e de sua vida, que Deus transpareça neles. Essa foi a arte de Jesus, que utilizou parábolas para falar do ser humano e de seu dia a dia – na agricultura, no mundo financeiro, no comércio, no convívio – e, assim, provocou em seus ouvintes abertura para o mistério incompreensível de Deus.

A liturgia também inclui canto. Não penso apenas nos hinos cantados entre os textos e os rituais, penso em algo mais essencial. As palavras que a liturgia escolheu das Escrituras Sagradas para o Introito, o Gradual, o Aleluia, o Ofertório e a Comunhão são cantadas em coro gregoriano, que se põe completamente a serviço da palavra. Ele pretende entoar as palavras de Deus de forma que elas toquem os corações e desdobrem seu efeito curador, tanto no cantor quanto no ouvinte.

Língua e canto formam uma unidade. Martin Heidegger enfatizou isso repetidas vezes, dizendo: "Poesia é canto" (HEIDEGGER, p. 182). Heidegger cita o hino da celebração da paz, de Hölderlin, em outra versão:

> Muito experimentou o ser humano
> Desde a manhã, desde que somos um diálogo e ouvimos uns dos outros;
> Em breve, porém, seremos canto.

E ele interpreta os versos da seguinte forma: "Os que 'ouvem uns dos outros' – uns e outros – são os seres humanos e os deuses. O canto é a celebração da chegada dos deuses – nessa chegada tudo se cala. Ele não é o oposto do diálogo, mas o mais íntimo parentesco, pois o canto também é língua" (p. 182).

Compreendi o significado concreto disso quando o antigo cantor de Münsterschwarzach, Godehard Joppich, fazia uma introdução ao canto da liturgia durante os cursos de jovens, que dirigi durante muito tempo. Godehard possui um jeito maravilhoso de aproximar os jovens do mistério do canto gregoriano – seja em língua alemã ou em latim.

Ele instruiu os jovens a repetirem várias vezes de forma consciente e lenta a antífona que cantamos no fim da liturgia da Sexta-feira Santa: "Deus amou tanto o mundo que entregou o seu Filho único, para que todo aquele que nele crer não morra, mas tenha a vida eterna" (Jo 3,16). Depois, disse: "Quando entendemos essas palavras e sentimos o que João quis dizer, elas só podem ser cantadas assim". Então, cantou essas palavras, e todos nós tivemos a mesma impressão: essas palavras não podem ser cantadas de forma diferente; essa melodia combina perfeitamente, ela entoa as palavras. Assim, vivenciamos o amor de Deus; sentimos a sua entrega. Crer se torna desnecessário, pois a fé ocorre no canto e a vida eterna está simplesmente presente. No canto, ela já está em nós.

O que Godehard transmitiu com tanta mestria aos jovens nesse caso deveria se aplicar a todo canto litúrgico. Ele deve entoar as palavras da liturgia, as palavras da Escritura de tal forma, que permita que elas desdobrem seu efeito curador nos corações do cantor e do ouvinte.

A língua e a escrita

Em nossa roda de discussão mencionada no início desta obra, a livreira nos contou sobre suas experiências com livros: alguns deles são muito banais, disse ela; dão conselhos muito rápidos. Além disso, esses conselhos costumam vir de fora, dando a impressão de que tudo é muito fácil; basta seguir seus conselhos para que o sucesso seja garantido. Apesar da linguagem leve e agradável desses livros, eles transmitem uma postura autoritária. Seu autor "sempre sabe" exatamente como a vida funciona e sugere ao leitor para segui-lo incondicionalmente. Apenas assim sua vida seria bem-sucedida.

A linguagem desses livros não corresponde à busca sincera de Paul Celan. Para ele, essas publicações representam um abuso, uma perigosa tentativa de suborno (cf. BAUMANN, p. 97). Prometem algo que não se pode cumprir; "sabem demais" e não permitem liberdade alguma. Mas toda tentativa de explicar a vida sempre precisa deixar espaço para o inexplicável. Segundo Gerhart Baumann, Paul Celan compartilhava da convicção de Rudolf Kassner: "Uma história permanece verdadeira enquanto não se tenta explicá-la" (p. 17). De Paul Celan podemos aprender a "perceber os elementos traiçoeiros na língua, a descobrir a falsidade em pretensões arrogantes da verdade" (p. 19).

O escritor austríaco Peter Handke não se cansa de ressaltar que a língua nunca deve se contentar em descrever as coisas, mas procurar fazer brilhar o mistério delas. Ele acusa os realistas alemães, como Günter Grass e Marcel Reich-Ranicki, de ostentação ingênua de realismo e naturalidade. Em uma conferência do Grupo 47, de 1966, ele chamou isso de "impotência descritiva". Evidentemente, atraiu com isso a inimizade dos dois.

Günter Grass acusa Handke de uma interioridade excessiva e de uma sensibilidade linguística mimosa, mas essa acusação demonstra que Handke acertara em cheio com sua expressão "impotência descritiva". A língua não pretende apenas descrever realisticamente, mas tocar a essência das coisas e torná-las acessíveis à experiência (cf. HÖLLER, p. 42-46); pretende expressar o mistério que se esconde nas coisas.

Os livros que a nossa livreira gosta de ler a imergem em um mundo interior, no mundo de sua própria alma. Assim, ela descobre nessas obras a linguagem de sua própria alma, que muitas vezes lhe passa despercebida; acredita que elas expressam aquilo que há muito vem sentindo em si mesma, mas para o qual ela ainda não encontrou as palavras. Quando isso acontece, ela tem a sensação de estar lendo um bom livro.

Muitas vezes, inicialmente um livro não lhe diz nada, mas alguns anos mais tarde ela se volta para aquele livro e sente-se tocada; ele responde às perguntas que a ocupam naquele momento. O fato de um livro conseguir entrar em diálogo conosco, ou não, também pode depender de nossa situação momentânea. Existem livros que lemos na hora certa e outros que não conseguem nos dizer nada porque nos encontramos em uma situação diferente.

Quando leio hoje um livro que já li há alguns anos, encontro páginas novas nele. Às vezes, acho que nunca li aquele livro ou que o li de forma completamente diferente. Hoje reajo a outras palavras que não fiz, por exemplo, há 20 anos.

O músico e letrista em nosso grupo de discussão citou uma palavra de uma conferência sobre hinos sacros modernos: "Algumas músicas sabem demais". Sua língua é fechada e muitas vezes banal. Falam de Deus como se soubessem tudo sobre Ele; assim, seu incompreensível mistério é banalizado. Essa língua banaliza também as rupturas na fé.

Durante muitos anos trabalhei com os jovens. Na época, costumávamos cantar músicas modernas em nossos encontros. Foi aí que senti a diferença. Algumas delas saíam de moda e por isso não podíamos continuar a cantá-las; estavam desgastadas; às vezes, sua linguagem era muito moralizante e simplista. Mas aquelas músicas com uma linguagem cheia de imagens podiam ser cantadas sempre; elas apresentavam uma linguagem aberta, que davam ao cantor a liberdade de projetar nelas suas próprias imagens, permitindo assim que essas imagens desdobrassem seu efeito.

Certa vez, em uma entrevista, Peter Handke falou sobre a atividade de escrever: ela significa encontrar com palavras a chave para o desconhecido, para o mistério.

Gostei dessa imagem. Sim, quando escrevo, também tento encontrar uma chave para decodificar o mistério de Deus e o mistério do ser humano, e descrevê-los de tal modo que posso entendê-los. Mas sinto que nunca chegarei a um fim com minha escrita. Trata-se de uma tentativa contínua de encontrar palavras para aquilo que cogito nas profundezas da minha alma e para aquilo que anseio. Essa "verbalização" é, para mim, um processo de esclarecimento interior.

Peter Handke também utiliza outra linda imagem para sua escrita; quando ele escreve sobre um lugar, torna-o acessível. "É como se encontrasse uma pátria, ou como se a pátria me adotasse" (HANDKE, p. 32).

Ao mesmo tempo, porém, a função da escrita é encontrar uma forma para o silêncio e, assim, preservá-lo: "Quem se cala não preserva o silêncio. Mas ao conferir uma forma ao silêncio e ao vazio, preservamos o silêncio e o vazio. Esse é o paradoxo. Existe uma literatura que destrói o silêncio. [...] Mas existem pouquíssimas obras – e são estas que contam e sempre contarão para mim – que ampliam o silêncio; que não conservam o silêncio, mas o transmitem (esta é a palavra certa)" (HANDKE, p. 114).

Para Hilde Domin, a escrita era seu caminho para a vida. Quando passou mal em seu exílio na República Dominicana, os textos que escrevia em sua língua materna a ajudaram a superar sua crise. A teóloga Stephanie Lehr-Rosenberg menciona a escrita como superação da crise: "Quando Hilde Domin começou a escrever, ela se encontrava em crise extrema, à beira do suicídio. Ela não havia planejado escrever poemas, mas esse evento foi tão marcante que ela o descreve como um segundo nascimento. A poesia se transforma em 'alternativa para o suicídio'. Ao designar suas experiências, ela executa a libertação e a abertura para o futuro" (LEHR-ROSENBERG, p. 175).

Também há outro aspecto importante da escrita: quem escreve cria realidade, e a língua em que alguém escreve provoca algo nas pessoas. Hilde Domin critica as sugestões linguísticas atuais que pretendem limitar a criatividade da língua, pois se esta não pode ser criativa, nosso pensamento se torna cada vez mais conformista. Ainda diz: "Tudo o que apresenta traços de vida já está sendo ameaçado; não pela falta, mas pelo excesso de normas. Acreditamos podar algo, mas nós mesmos somos podados, e a língua também" (DOMIN, p. 368).

Então, Hilde Domin cita Jean Paul: "No poeta, a humanidade se conscientiza de si mesma e encontra sua língua. Por isso, ele a desperta em outros com tanta facilidade" (p. 368). A pessoa que escreve assume, portanto, uma responsabilidade pela linguagem de seus leitores, e, assim, também exerce influência sobre a linguagem da sociedade.

Hilde Domin lamenta que a linguagem se encontra em constante processo de desgaste. Mas "os poetas aguçam a língua e sempre a capacitam para a compreensão da realidade, para a sempre renovada compreensão do ser humano em uma realidade que se transforma constantemente" (p. 372).

Estou ciente de que ao escrever também assumo responsabilidade pelas pessoas e pela sociedade. Com minha língua aproximo as pessoas de sua própria sabedoria: construo um lar em que elas possam se sentir em casa. Ou uso minha língua para seduzir as pessoas e para transmitir-lhes a sensação de que agora já sabem de tudo, que agora conhecem Deus e a si mesmas. Posso fazer uso da linguagem para incitar as pessoas a julgarem os outros ou, ao contrário, posso convidá-las a encontrar um linguajar que lhes permita expressar sua realidade e falar de modo apropriado com as outras pessoas.

O final do Evangelho segundo São João nos informa sobre o objetivo último da escrita. João encerra o capítulo 20 com as palavras: estes sinais "foram escritos para que creiais que Jesus é o Cristo, o Filho de Deus, e para que, crendo, tenhais a vida em seu nome" (Jo 20,31).

O objetivo da escrita é que os leitores creiam. João deseja escrever sobre Jesus, de modo a permitir que os leitores reconheçam nele o Filho de Deus e, assim, venham a experimentar em si a vida. Se aplicássemos essa palavra a nós mesmos, poderíamos dizer: o objetivo da escrita é crermos em nossa própria fonte interna e no núcleo divino em nós, e entrarmos em contato com a vida que flui em nós e no fundo de nossa alma.

João encerra o capítulo 21 com as palavras: "Jesus fez ainda muitas outras coisas. Se fossem escritas uma por uma, penso que nem o mundo inteiro poderia conter os livros que se deveriam escrever" (21,25). Podemos escrever quantos livros quisermos, mas nunca conseguiremos decifrar completamente o mistério de Jesus e o mistério de nossa própria humanidade.

O Padre da Igreja Gregório de Nissa interpreta esse versículo assim: "Visto que Deus criou todas as coisas em sabedoria e visto que sua sabedoria não conhece limites, o mundo, preso a seus próprios limites, não pode conter em si a extensão da sabedoria ilimitada" (apud SANFORD, p. 2, 213). Deus é a sabedoria verdadeira, e esta é ilimitada. Não podemos conter essa sabedoria ilimitada em livros, por maior que seja seu número. Podemos apenas nos aproximar dela.

Cada livro – incluindo este – é apenas uma tentativa de fazer transparecer algo da sabedoria de Deus, e espero que essa sabedoria nos ajude a entrar em contato com a sabedoria de nossa alma. No fundo de nossa alma todos nós sabemos muito bem o que nos faz bem, e a escrita pretende trazer para a consciência aquilo que sabemos em nossa alma de modo inconsciente.

Escrever é um movimento de procura: procuro a chave para o ser; experimento com palavras para ver se elas conseguem expressar aquilo que minha alma sente e percebe, e escrever é um processo de esclarecimento. No início, não sei o que escreverei, mas quando me sento e tento, as palavras começam a se formar. Muitas vezes não estou satisfeito com aquilo que escrevi, mas deixo o texto descansar e espero o espírito se clarear para, assim, encontrar novas ideias.

Não me sento e escrevo o que tenho em mente, mas procuro encontrar por meio da escrita palavras que consigam expressar meus anseios mais profundos.

Falar sobre outros – a língua pública

Já os primeiros monges nos advertem para não falarmos sobre outros, pois assim que começamos a falar deles corremos perigo de julgar e condená-los. Jesus também nos advertiu contra esse tipo de julgamento: "Não julgueis e não sereis julgados" (Mt 7,1).

Quando julgamos os outros nos tornamos cegos para nossos próprios erros. O psicanalista Carl Gustav Jung afirma que projetamos nossas falhas sobre o outro. Assim, conseguimos um pouco de alívio para nós mesmos, mas não desenvolvemos nenhum potencial de mudança. Tornamo-nos cegos para nossas falhas e as vivenciamos de forma agressiva. Jesus comparou essas falhas com uma trave: "Por que olhas o cisco no olho de teu irmão e não vês a trave no teu?" (Mt 7,3). Jung acredita que devemos reconhecer nossas próprias falhas e reconciliar-nos com elas. Então, poderemos desenvolver também uma linguagem reconciliadora.

Quem não se reconciliou consigo mesmo expressa seus conflitos interiores também em sua fala, chegando a provocar incêndio e divisão, julgamento e recusa, que se alastram rapidamente. Tiago faz essa advertência em sua epístola do final do século I: "Também a língua é um fogo. Como um mundo de maldade, a língua está entre nossos membros contaminando todo o corpo. Inflama o ciclo de nossa existência" (Tg 3,6).

Hoje vivemos em uma cultura de indignação. Frequentemente recebo ligações de canais de televisão pedindo que eu diga algo sobre determinado político ou cientista, e normalmente esperam que eu expresse minha indignação sobre algo que esta ou aquela pessoa fez ou disse.

Minha resposta é sempre: "Não falo sobre pessoas. Não as conheço. Por isso, não me cabe julgá-las". Alguns jornalistas tentam, mesmo assim, extrair alguma afirmação minha. Outros, porém, dizem: "Na verdade, o senhor tem razão. Também não gosto dessa cultura de indignação".

Quando assumo uma postura de indignação eu me elevo sobre os outros, e isso não me faz bem. A tradição espiritual fala de humildade, de *humilitas*. Isso significa que todos nós, seres humanos, nos encontramos no mesmo solo; não temos o direito de nos elevar acima de outros. Somos humanos como todos os outros.

Os primeiros monges diziam: "Quando vês que um irmão pecou, diz: Eu pequei". O ser humano que erra é meu espelho. Quando olho para esse espelho percebo que tenho as mesmas falhas ou que possuo pelo menos a tendência de cometer os mesmos erros. Nada me garante que eu não fiz ou venha a fazer aquilo que condeno no outro.

A palavra alemã *Entrüstung* (indignação) vem do verbo *rüsten* ("preparar"), que é a raiz também do substantivo *Aufrüstung* (armamento), mas igualmente pode significar "adornar-se" e "preparar-se" para algo.

Quando fico indignado (*entrüstet*) com alguém eu lhe tiro sua armadura; privo-o da possibilidade de se defender. Agora, está incapacitado de preparar-se para alguma tarefa. Eu o dispo publicamente e o deixo sem adornos; ou seja, eu o exponho aos olhares do público e o acuso publicamente.

Normalmente, não pensamos no outro e não percebemos o que fazemos com ele quando roubamos sua armadura; pensamos apenas em nós mesmos e em nossa indignação. E quando ficamos indignados nos sentimo moralmente superiores: nós fazemos tudo certo, não cometemos erros. E, assim, acreditamos que seja importante demonstrarmos nossa indignação para mostrar como os outros devem se comportar. Mas aqui também vale a palavra de Jesus: "Aquele de vós que estiver sem pecado atire-lhe a primeira pedra" (Jo 8,7).

Nossa sociedade é marcada pela mentalidade do "bode expiatório". Quando uma pessoa pública comete um erro, ela é acusada até que desista. Ela passa a ser acusada de toda a culpa, inclusive a nossa própria. Jogamos nela toda a nossa sujeira e acreditamos que, assim, nos livramos dela.

A sujeira que jogo no outro permanece grudada em mim. Em vez de projetá-la em outra pessoa, seria melhor "tomar um banho". Quando jogamos sujeira uns nos outros, a sociedade não é purificada. Apenas quando eu mesmo estiver disposto a me limpar, serei capaz de criar outra atmosfera em meu ambiente.

Em uma sociedade na qual cada pessoa que se destaca se transforma em "plano de projeção", sobre a qual projetamos as nossas falhas, torna-se cada vez mais difícil encontrar pessoas dispostas a assumir responsabilidades.

A internet abriu possibilidades completamente novas para esse tipo de projeção; cada um pode publicar sua opinião e seu julgamento de outras pessoas. Nesse moderno meio de comunicação é possível jogar sujeira em outros de modo completamente anônimo, e quem precisa se justificar não é a pessoa que jogou a sujeira, mas aquela que foi alvo dessa sujeira.

Não importa se essa sujeira é jogada via internet ou de uma outra maneira, mas sim que é mantido o mecanismo do bode expiatório; um bode expiatório é abatido após outro, mas a sociedade permanece a mesma. Nada é mudado; todos abaixam a cabeça para não se tornarem o próximo alvo da sujeira.

Quando observamos o linguajar de algumas dessas pessoas, sua agressividade nos assusta, como também seu primitivismo. Muitas vezes, elas não escrevem orações completas, e não raramente essa língua pervertida ainda se apresenta como "a consciência da nação". Quando ouço esse tipo de afirmação sinto falta da presença de pessoas cujo linguajar ainda apresenta certa cultura, no qual posso perceber respeito e valorização, como também beleza e criatividade.

Na filosofia das religiões o mecanismo do bode expiatório tem sido considerado algo positivo. Os filósofos das religiões dizem que esse mecanismo purifica a sociedade ou a livra de um peso. Mas a diferença entre o mecanismo do bode expiatório praticado pelos judeus para purificar a sociedade do pecado e outros bodes expiatórios é esta: o bode expiatório sobre o qual os judeus depositavam toda a culpa de seu povo era sem culpa. Os sacerdotes e participantes desse ritual sabiam disso. Assim, o bode expiatório podia, como substituto do povo, levar os pecados para o deserto. Mas ele não era condenado, mas, pelo contrário, era prezado porque prestava um serviço importante à população.

Nós, porém, projetamos nossa culpa sobre pessoas imperfeitas. Estas não podem se defender contra esse mecanismo e, de certa forma, são abatidas. A sociedade acredita que determinada pessoa cometeu muitos erros e fez muitas coisas erradas propositalmente, e sua figura de "bode expiatório" fica praticamente indefesa. Isso deixa de ser um ritual, pois é despido de essência sagrada. E assim o "ritual" se transforma em tortura e em acusação pública.

A língua pública normalmente falada em *talk shows* – existem exceções, onde o apresentador realmente procura desenvolver um diálogo autêntico – costuma ser uma língua julgadora. Esse tipo de abordagem não respeita o interlocutor, tornando o diálogo impossível. A língua é impedida de criar vínculo.

A fala desses programas de televisão é muitas vezes uma fala sobre outras pessoas ou uma fala provocadora, que pretende abalar o interlocutor e levá-lo a dizer algo que não pretendia. Em muitas ocasiões, esse tipo de fala condena antes mesmo de ser concluída a questão em pauta. Isso obriga o outro a justificar-se constantemente; mas o verdadeiro diálogo, no qual o outro ouve o que seu interlocutor tem a dizer, não pode surgir sob essas condições.

Na televisão costumamos ouvir uma fala que visa às emoções do público. Antes da gravação do programa os convidados são instruídos e motivados a fazerem um programa engraçado. Assim, fica claro desde o início que o objetivo não é um diálogo sério; que ninguém quer conversar autenticamente sobre determinado assunto. O objetivo é fazer piadas para provocar risadas no público. Cria-se, assim, uma conversa superficial, que fala de tudo e de nada; uma conversa totalmente vazia e irrelevante.

Conversa fiada sempre é feita à custa de outros, que são ridicularizados. Quando eles tentam se defender são considerados estraga-prazeres. Ridicularizar alguém é um exercício de poder tão prejudicial quanto provocar sentimentos de culpa. Não podemos nos defender contra nenhum dos dois.

Existem, porém, apresentadores que realmente voltam sua atenção para o interlocutor e que tentam travar um diálogo verdadeiro e espontâneo com ele; um diálogo que pode se desenvolver, porque ambos dão ouvidos. Isso acontece principalmente em conversas com um único interlocutor. Discussões em grupo muitas vezes me passam a impressão de que alguns participantes tentam tomar a palavra sempre que puderem e dominar a discussão para, assim, destacarem a sua importância.

As colunas sociais dos jornais também só procuram o sensacionalismo; falam constantemente sobre os outros. Nos jornais de teor mais sério, os artigos sobre outras pessoas costumam ser mais respeitosos; tentam fazer jus àquele ser humano.

Mas esse tipo de linguajar sensível e empático, não julgador, é raro. Até os jornais mais sérios exercem muitas vezes pressão sobre seus jornalistas para que apresentem seus artigos de forma sensacionalista. Aparentemente, um artigo equilibrado já não interessa a mais ninguém. O propósito da língua é deturpado; agora só serve para aumentar a tiragem do jornal, não para representar fatos ou esclarecer eventos e seus contextos. Baumann escreveu sobre Paul Celan: "Nada o magoava mais do que o abuso e a corruptibilidade, como aqueles cálculos desprezíveis e as perigosas tentativas de suborno com uma linguagem que pretende saber tudo, mas nada diz" (BAUMANN, p. 97).

Na atmosfera cheia de palavras vazias de nosso tempo, a diretriz de São Bento de Núrsia sobre o silêncio serviria como um bom remédio. Bento escreve: "Às vezes se devem calar mesmo as boas conversas, por causa do silêncio, quanto mais não deverão ser suprimidas as más palavras por causa do castigo do pecado? Por isso, ainda que se trate de conversas boas, santas e próprias a edificar, raramente seja concedida aos discípulos perfeitos licença de falar, por causa da gravidade do silêncio, pois está escrito: 'Falando muito não foges ao pecado', e em outro lugar: 'A morte e a vida estão em poder da língua'" (Regra de São Bento, 7,2-5).

Assim que começamos a falar sobre outras pessoas surge em nós o ímpeto de avaliar e julgar, misturando-se com nossas palavras. Com isso causamos prejuízo; magoamos outras pessoas e satisfazemos apenas o sensacionalismo de nossos ouvintes ou leitores.

Quem hoje toma a palavra em público marca a sociedade. Cada um que fizer uma palestra ou publicar um artigo em jornal ou revista cunha a língua do mundo. Por isso devemos usar a língua com atenção e cuidado; ter a consciência de que construímos a casa da nossa sociedade com a nossa língua. Sabemos como a agressividade, o julgamento e a incitação se misturam com nossas palavras, muitas vezes sem que nós o percebamos.

Por isso, é grande a responsabilidade de todas as pessoas que falam em público; uma responsabilidade pela língua e pelo pensamento dos nossos tempos. Hilde Domin disse o mesmo sobre a poesia, que, à primeira vista, exerce pouquíssima influência sobre o nosso mundo. Nela o poeta se retira do mundo do funcionalismo. Por isso, as poesias, por mais insignificantes que possam parecer, são algo "do melhor que possuímos. Algo que salva o ser humano em sua humanidade, que o protege de abusos, independentemente da forma de sociedade em que é obrigado a viver" (DOMIN, p. 295).

Já que cada poema renova a língua, ele exerce influência sobre a sociedade. Também todos aqueles que abrem sua boca em público ou que se sentam à escrivaninha devem estar cientes da sua responsabilidade; não só pela língua, mas também pelo pensamento e pela imagem do ser humano na sociedade.

A fala pública deveria ter algo da qualidade do linguajar de Jesus, que também falou em público.

A língua pública não pode excluir ninguém. No entanto, ela faz justamente o contrário, julgando e desprezando, como também cultivando uma linguagem esotérica, reservada para os iniciados. A língua científica muitas vezes exclui os não cientistas; uma língua teológica pode se transformar em língua que ninguém mais entende; a língua pública tem a tarefa de reunir e reconciliar as pessoas entre si.

Assim que um político ou representante do mundo financeiro toma a palavra, muitas vezes é possível perceber seus conflitos interiores. Pelo fato de não estar em harmonia consigo mesmo, sua fala acaba tendo um efeito conflitante sobre a sociedade. Costumamos dizer sobre os políticos: "Falam muito, mas não dizem nada". Sua língua é apenas superficial; ela se contenta com lugares-comuns, mas não abre qualquer horizonte; nada impulsiona.

Devemos nos conscientizar de nossa responsabilidade em relação à nossa fala, não bastando se expressar corretamente. Nossa fala expressa nosso estado interior. Por isso, um linguajar saudável exige primeiramente um trabalho espiritual; o trabalho de se reconciliar consigo mesmo, de purificar o próprio coração e, assim, também a própria língua. Só então será possível dizer palavras que respeitem, valorizem, encorajem, reconciliem e transmitam esperança para o outro.

Falar e agir

Falar e agir deveriam corresponder-se. Jesus já havia advertido os fariseus de que não faziam o que diziam, e adverte os seus discípulos: "Fazei e observai tudo o que eles vos disserem, mas não os imiteis nas ações, porque eles dizem e não fazem" (Mt 23,3).

A cultura grega também conhece esse descompasso entre falar e agir. Diógenes critica os oradores que, entusiasmados, falam sobre a justiça, mas não a praticam (cf. GRUNDMANN, p. 484).

O Evangelho segundo São Mateus, porém, não entende a advertência contra os fariseus – que não agem conforme sua fala – em primeira linha como crítica aos círculos dos fariseus, mas como advertência às igrejas cristãs. Em todos os tempos e em todas as comunidades – também e sobretudo em comunidades cristãs – existe o perigo de não falarmos conforme agimos. Por isso, deveríamos usar as palavras de Jesus para sondar nossa própria consciência, não para falar mal dos outros.

O Evangelista Mateus retrata Jesus não só como Mestre, mas também como um homem que fazia o que dizia. Jesus cumpre em sua paixão aquilo que exige de seus discípulos no Sermão da Montanha: fazer a vontade de Deus e desistir da violência. Por isso, Ele é um mestre confiável, um homem que percorre o caminho que indica aos outros.

No final do Sermão da Montanha, Jesus usa uma imagem para reforçar sua mensagem aos discípulos, de não só ouvir suas palavras, mas também cumpri-las: "Todo aquele que ouve estas minhas palavras e as põe em prática será como um homem prudente que construiu sua casa sobre a rocha. Caiu a chuva, vieram as enxurradas, sopraram os ventos e deram contra a casa, mas ela não desabou. Estava fundada na rocha" (Mt 7,24-25). Quando os parentes de Jesus pedem para falar com Ele, Jesus remete seus ouvintes à sua nova família: "Minha mãe e meus irmãos são os que ouvem a Palavra de Deus e a põem em prática" (Lc 8,21).

As duas coisas andam juntas: ouvir e fazer, falar e agir. Hoje acusamos alguns moralistas de "pregarem a água, mas beberem o vinho". Esse provérbio se refere a pessoas cuja fala não concorda com suas ações. Com o passar do tempo, essas pessoas perdem sua credibilidade.

Evidentemente, todos nós corremos o perigo de não fazer sempre exatamente o que falamos. Por isso, não deveríamos abrir tanto a boca, mas praticar a humildade em nossa fala. O perigo é que os maiores moralistas não fazem o que exigem de outros. O psicanalista C.G. Jung observou que o moralista ataca o mal com tanta veemência porque o teme em seu próprio coração; defende a moral com tanto vigor porque sente a presença da imoralidade em seu próprio coração, mas a nega. Por isso, sempre duvidamos daquele que usa palavras demasiadamente grandes, pois sempre corre o grande perigo de criar um dilema entre suas palavras e suas ações.

Nosso agir nunca corresponderá completamente à nossa fala, mas deveria ser notório que tentamos viver aquilo que falamos, dizendo aquilo que proclamamos aos outros sempre primeiro a nós mesmos. Quando as pessoas percebem que nos esforçamos em criar uma harmonia entre falar e agir, elas nos têm como autênticos. Ser autêntico não é ser perfeito, mas buscar criar harmonia entre o falar e o agir.

Falar e agir apresentam ainda outro vínculo. Ambas as atividades estão arraigadas no pensamento. Primeiro pensamos mal de alguém, depois falamos com desdém sobre essa pessoa, por fim nos comportamos de forma agressiva.

A forma como falamos sobre outros não permanece oculta, mas se manifesta em nossa postura. Mesmo que não façamos nada de mal contra essa pessoa, ela sente em nossa postura o que e como falamos sobre ela, pois nossa fala influi diretamente em nossa postura e também em nossa conduta.

Quando encontro com representantes de empresas presto muita atenção em como falam sobre outras firmas. E quando me encontro em comunidades espirituais percebo o espírito que as domina também na forma de como falam sobre as outras comunidades. Quando falam mal de todas as outras comunidades, isso é um sinal de que estão recalcando suas próprias fraquezas e falhas, preferindo projetá-las sobre os outros. Assim, sua fala também determina sua conduta; a conduta para com os outros e também a conduta dentro da própria comunidade.

Esse vínculo também pode ser reconhecido no âmbito político. No Terceiro *Reich* os judeus foram atacados e classificados como raça inferior, primeiro verbalmente. A linguagem agressiva desencadeou uma violência extrema contra os judeus.

Nossa língua exerce uma influência sobre nosso agir e o agir dos outros, por isso somos responsáveis por ela. Não podemos nos desculpar dizendo: "Ah, foram apenas palavras. Não fizemos nada de mal". As palavras já fazem o mal; elas semeiam a semente do mal que floresce em atos do mal. Primeiro vem o pensamento, depois a fala e, por fim, a ação. Essas três áreas não podem ser separadas uma da outra.

Língua e protesto

Quando pensamos em protesto imaginamos algo voltado *contra* alguém. Mas na verdade a palavra significa: "apresentar-se publicamente como testemunha", "afirmar algo em público". Em "protesto" está contida a palavra *testari*, que significa "ser testemunha", "testificar", e o prefixo *pro*, que tanto pode significar "diante" como "para".

Dou testemunho na presença de outros e proclamo algo a eles. Não me levanto contra alguém, mas em prol de alguém ou de algo. Muitos poetas e escritores veem suas obras como protesto contra a opinião vigente. Na verdade, o protesto verdadeiro nunca pretende falar contra alguém, mas se empenha em prol de alguém ou de uma causa. Minha poesia ou meu artigo se transforma em protesto quando dá testemunho de um modo novo de pensar e de falar. O protesto autêntico não acusa, mas testifica. Ele o faz de forma consciente em uma discussão com outras opiniões e palavras.

A função do protesto é questionar os modos de falar e de pensar que se aninharam na cabeça das pessoas. No Antigo Testamento, os profetas apontavam para a situação política e religiosa da nação, negligenciada pelos gritos dos cegos seguidores do rei. Nem tudo estava em tão perfeita ordem como acreditam as pessoas que ofereciam seus sacrifícios no templo.

Assim, o protesto também pode se transformar em acusação para despertar o povo.

Evidentemente, o Profeta Amós se viu obrigado a utilizar um linguajar aguçado para ser verdadeiramente ouvido, isso porque as pessoas muitas vezes se enganam com suas próprias ilusões; não querem ver a realidade como realmente é. Assim, Amós acusa os ricos: "Vede as numerosas desordens dentro da cidade, as violências em seu meio! Não sabem agir com retidão – oráculo do SENHOR – os que amontoam opressão e rapina nos palácios. Por isso, assim diz o Senhor DEUS: Um inimigo cercará o país, arrancará de ti o poder e os teus palácios serão saqueados" (Am 3,9-11).

Meu tio, Padre Sturmius, que também foi monge em Münsterschwarzach, desenvolveu uma grande sensibilidade contra um linguajar que se subjugava demais ao espírito do tempo. Entendeu seus sermões e seus livros como protesto, apesar de nunca ter atacado ninguém. Mas se opôs a tendências que, em sua opinião, não correspondiam ao Espírito de Jesus. Após a Segunda Guerra Mundial, muitas comunidades monásticas haviam adotado o lema: "Compaixão é fraqueza". Os irmãos que falavam assim nem percebiam que haviam interiorizado a visão nazista. Na época, meu tio fez uma homilia sobre o tema da "compaixão". Não atacou ninguém, mas com essa homilia protestou contra um modo de falar que havia se aninhado inconscientemente na cabeça dos irmãos. Seu sermão foi tão eficaz que, a partir de então, ninguém mais usou o lema em nosso mosteiro. O protesto causara uma mudança de pensamento.

Muitos poetas compreenderam suas poesias como protesto, à semelhança de Bertolt Brecht. Ele não fala o que os leitores querem ouvir, mas levanta sua voz em prol dos injustiçados e daqueles que sofrem sob o sistema. Os letristas conhecem as músicas de protesto; estas não acusam individualmente as pessoas, mas as posturas dominantes na sociedade.

A língua sempre possui um caráter de protesto. Como testemunha, ela defende uma visão que se opõe a outra, ou seja, a uma visão que não faz bem ao ser humano. Essa também foi a posição do Apóstolo Paulo, que costumava acatar o modo de pensar e de falar de seus leitores, mas também protestar contra eles por meio de outro linguajar. Assim, acusa os coríntios: "Ainda sois carnais" (1Cor 3,3). Critica seu modo de falar: "'Eu sou de Paulo', e outro: 'Eu de Apolo'; não procedeis apenas como humanos?" (3,4). Então fundamenta uma nova visão; no centro não estão os proclamadores, mas Cristo, o proclamado. Ele também acatou lemas que os coríntios costumam usar e que dominavam seu pensamento e conduta, invertendo o lema: "'Tudo é lícito', mas nem tudo convém; 'tudo é lícito', mas nem tudo edifica" (10,23).

Tudo é lícito; este era o modo de pensar dos gnósticos que havia se propagado em Corinto. Aqui não existem mais quaisquer normas, mas Paulo demonstra aos coríntios o que realmente importa: minha fala e minha conduta devem ser úteis aos outros e edificar a comunidade e o indivíduo. Paulo não condena os coríntios; sua linguagem de protesto apenas redireciona seu pensamento, sua fala e seus atos. Essa é a essência do protesto: quando se depara com modos de pensar e falar prejudiciais, recorre a um linguajar que faz jus à natureza do ser humano.

Algumas regras de comunicação

Muitas pessoas já refletiram sobre o diálogo bem-sucedido. Em nossa discussão preparatória para este livro várias contribuições giravam em torno do mistério de um bom diálogo e questionavam a respeito das precondições para um diálogo bem-sucedido.

Em um diálogo as pessoas se aproximam umas das outras por meio da língua; elas se encontram. Ao mesmo tempo, descobrem que a língua é um recurso imperfeito para expressar seus pensamentos e sentimentos e para comunicar ao outro o que sentem em seu coração. Elas falam porque sentem a necessidade de proximidade, de comunicação, de comunhão. Querem ser percebidas, e não ignoradas; querem fazer parte; querem ouvir e querem que os outros as ouçam, para assim gerar um clima de compartilhamento.

Quando as necessidades são expressas na língua, elas são transformadas. Muitas vezes sinto a necessidade de contar o que vivenciei. Quando narro minha vida aos outros, ela se torna mais clara para mim mesmo. Narrar esclarece minha própria situação; ao mesmo tempo, minha narrativa envolve os ouvintes em minha vida. Essa minha narrativa pode até mesmo permitir que os outros se reconheçam em minhas palavras e que venham a se entender melhor consigo mesmos.

O filósofo e teórico midiático Vilém Flusser disse certa vez que o diálogo é a revolta contra a morte e contra a decomposição (cf. FLUSSER, p. 10). O diálogo pretende reunir as pessoas. Nele eu posso ser eu mesmo, e o outro, ele mesmo; ao mesmo tempo, porém, ambos se oferecem ao outro. Wilhelm von Humboldt observou: "Cada fala repousa sobre o diálogo". Sendo destinada ao outro, a linguagem procura entendê-lo e responder a ele.

O diálogo objetiva o encontro de pessoas; quando ele é bem-sucedido, ninguém sofre abusos ou é usado como mero meio para outro fim. Nele volto minha atenção ao outro para o meu próprio bem; tento não só entender o outro, mas descobrir o que temos "incondicionalmente em comum" que possa nos unir (Paul Tillich). Em cada diálogo autêntico Deus está presente como aquele que temos incondicionalmente em comum.

Friedemann Schulz von Thun descreveu em seu famoso "modelo de quatro lados" como um diálogo pode ser bem-sucedido e o que poderia impedi-lo. Ao descrever esse modelo apoio-me nas explicações que o treinador de comunicação Ralph Wüst me forneceu durante uma conversa sobre este livro.

Schulz von Thun acredita que na comunicação de uma pessoa com a outra as mensagens podem ser contempladas e interpretadas de quatro maneiras diferentes:

• O *primeiro aspecto* diz respeito ao assunto: comunica-se o fato, o conteúdo do tema.

• O *segundo aspecto* contempla a relação com o orador: refere-se à autorrevelação dele.

• O *terceiro aspecto* remete ao relacionamento: o tipo de mensagem evidencia o que se acha do outro e qual é a relação com ele.

• O *quarto aspecto* se refere ao efeito pretendido: nas palavras de uma pessoa se esconde um apelo dirigido ao outro, querendo provocar um efeito ou uma ação nele.

Conflitos e equívocos surgem quando o orador e o ouvinte interpretam de modos diferentes os quatro níveis. Schulz von Thun descreve em seu livro *Miteinander reden* (Falando uns com os outros) um exemplo famoso e impressionante: determinado casal está em um carro. A mulher é quem dirige, e para em um semáforo. O homem lhe diz: "O sinal está verde". A mulher responde: "Quem está dirigindo? Você ou eu?" (cf. SCHULZ VON THUN, p. 1, 25s.).

As palavras do homem podem ser interpretadas não só no nível objetivo, mas de três outras maneiras: (1) como apelo para acelerar (nível apelativo); (2) como intenção do orador de ajudar a mulher ou demonstração de superioridade do homem sobre a mulher (nível relacional); ou (3) como maneira de indicar que o homem está com pressa, e por isso está impaciente (autorrevelação).

Evidentemente, a mulher interpreta a mensagem do homem como sinal de menosprezo. Por isso, reage mal-humorada, querendo iniciar uma discussão sobre quem está dirigindo. Sua resposta também contém um apelo: quando eu estiver dirigindo, deixe-me fazê-lo como eu achar melhor, e não se meta em meu estilo de dirigir.

Schulz von Thun descreve esse modelo de quatro lados também como modelo de quatro ouvidos. O que ele quer dizer é que cada ouvinte sempre deve tentar ouvir a mensagem do outro com (1) o ouvido objetivo, (2) o ouvido relacional, (3) o ouvido autorrevelador e (4) o ouvido apelativo. Mas isso acontece raramente. Algumas pessoas só ouvem com o ouvido apelativo. Quando o marido pergunta: "Ainda temos cerveja?", a esposa não o ouve com o ouvido objetivo para dar-lhe a resposta correta. Tampouco o ouve com o ouvido autorrevelador, senão teria perguntado: "Você está com sede?" Normalmente o ouve com o ouvido apelativo e, talvez, também com o ouvido relacional. Imediatamente detecta na pergunta a acusação de não ter comprado mais cerveja. Por outro lado, o marido combinou consciente ou inconscientemente os quatro níveis da mensagem.

O ouvido com o qual ouvimos depende também da nossa biografia. Quando uma pessoa recebe de seus pais, em sua infância, sobretudo mensagens de apelo ou acusação, ela, quando adulta, usará principalmente o ouvido apelativo, sentindo-se questionada em todas as perguntas dos outros.

Um homem volta para casa à noite e pergunta a sua esposa: "Como vai? O que você fez hoje?" Essa pergunta demonstra um simples interesse por ela; pelo seu dia e por aquilo que fez. Ela representa um convite para iniciar uma comunicação, mas a esposa a entende imediatamente como controle; ela se sente controlada pelo marido porque sempre ouviu a mesma pergunta de seu pai controlador.

Para Friedemann Schulz von Thun, porém, o diálogo não precisa apenas de um ouvido atento para identificar o nível das palavras do outro. Ele descreve também como nós mesmos possuímos várias vozes interiores (cf. SCHULZ VON THUN, p. 3, 21s.). Existe em nós o moralista, que constantemente defende determinadas normas; o altruísta, que sempre quer ajudar o outro; o consciente, que questiona nossa intenção sincera; ou o responsável, que deseja assumir a responsabilidade por tudo. E muitas vezes o nosso diálogo sofre interferências porque nós mesmos não conseguimos identificar a voz que está se expressando em determinado momento.

Para Schulz von Thun, antes de iniciarmos um diálogo com os outros devemos permitir uma discussão interna das nossas diferentes vozes. Cada uma delas tem sua razão de ser, mas muitas vezes podem se contradizer. Nesse caso, o diálogo com outras pessoas não pode funcionar, pois elas poderão se sentir irritadas por não conseguirem identificar quem está falando com elas. Por isso, é preciso esclarecer primeiro interiormente e decidir com que voz desejamos falar. Só assim poderemos conversar satisfatoriamente com os outros. Muitas vezes é o moralista em nós que toma a palavra, provocando oposição no outro. Depois vem a voz compreensiva, que irrita ainda mais nosso interlocutor. E quando o ajudante toma a palavra, o outro se perde completamente.

Às vezes, quando faço uma palestra para executivos, eles me elogiam: "Sua palestra me tocou profundamente. O senhor falou com tanta autenticidade. Não senti isso em todas as outras palestras desta conferência". Não quero me apresentar como exemplo, mas ouço nessas palavras a necessidade de uma fala autêntica.

Para mim, é importante que a fala venha do coração e que tenha alguma relação com meus ouvintes. Por isso, sempre busco manter contato visual; olho para as pessoas e, assim, percebo em suas reações se minha fala é apenas um monólogo ou um diálogo verdadeiro.

Alguns palestrantes leem seus textos em voz alta, mas a palavra escrita não é igual à palavra falada, que precisa estabelecer uma relação com o ouvinte. Quando olho para o ouvinte, sinto o efeito das minhas palavras e percebo se consegui comunicar o que queria. Muitas vezes as orações escritas são longas demais para serem ouvidas ou sua linguagem é muito complicada.

Tenho muito contato com tradutores. Eles se queixam sobre as orações longas e demasiadamente complicadas que dificultam seu trabalho. Mas há professores que acreditam ter a obrigação de usar orações extremamente elaboradas.

Porém, minha experiência é esta: quando consigo entender um assunto também sou capaz de explicá-lo com palavras simples. Por trás de orações complicadas pode se esconder uma alma complicada ou a necessidade de impressionar as pessoas. É claro que o linguajar não deve se tornar banal, mas a arte verdadeira consiste em compreender as coisas e, então, expressá-las da forma que todos possam compreendê-las.

Mas não são somente os professores que têm sua própria linguagem que expressam o que lhes vem à cabeça, mas que não vem do coração. Um treinador de comunicação, que também faz palestras, contou-me que muitos estudantes negam sua própria língua quando precisam apresentar um trabalho aos colegas. Eles copiam o linguajar do professor; acreditam que precisam se adaptar a ela. Dessa forma, suas palestras perdem o brilho. Quando voltam a conversar normalmente com seus colegas, falam uma língua diferente, sendo capazes de explicar um assunto de forma muito mais plástica.

Um estudante de nossa roda de discussões observou que muitos alunos se adaptam às expectativas explícitas ou implícitas de seus ouvintes porque têm medo do futuro; medo de serem autênticos e de não cumprirem as expectativas às quais se sentem expostos.

Observamos constantemente que os estudantes adotam a linguagem dos professores, atletas, jornalistas, executivos, ecônomos etc. Quando isso acontece, essas pessoas perdem sua autenticidade; não se abrem à própria linguagem; não reconhecem o ser humano nela. Quando muito ouvimos seu medo de não quererem revelar nada de pessoal.

As pessoas se adaptam à língua que elas acham ser a esperada pelo público, mas isso altera e deturpa sua própria língua. Ela deixa de vir do coração e nasce da cabeça que, dependendo da situação, não quer chamar atenção ou ser extravagante.

Certa vez, ao ficar preso durante quatro horas em um engarrafamento, fui obrigado a dar uma palestra a cinco mil professores pelo telefone. Foi muito difícil para mim; sem contato visual com meus ouvintes, as palavras não fluíam. Consegui dizer o que penso, mas faltou o relacionamento. No decorrer da palestra tentei imaginar os ouvintes. Isso ajudou um pouco.

Falar é sempre um processo dialógico; nunca é um monólogo, mesmo quando o palestrante é o único que fala; ele sempre se dirige a pessoas concretas. E a arte de falar consiste em me dirigir diretamente às pessoas sentadas à minha frente e de alcançar seus corações.

Quando não pude ver os professores diante de mim, entendi o que o filósofo Ferdinand Ebner disse repetidas vezes sobre a dimensão dialógica da língua: "Do fato de que a palavra sempre ocorre entre a primeira e a segunda pessoa sempre deve partir a tentativa de perscrutar a língua em relação ao seu significado espiritual" (EBNER, p. 29).

Sem língua não existe pessoalidade; sem relacionamento entre o eu e o você não existiria a língua. Nela, o eu se expressa diante de um você. Isso é importante não só em uma palestra, mas também quando se escreve. Ao escrever sempre penso em pessoas concretas, que tento entender descrevendo-as e às quais tento dar uma resposta por meio das minhas palavras. Minha escrita é, no final das contas, a resposta elaborada que dei de forma incompleta em uma conversa pessoal.

Falar e se calar

Os primeiros monges consideravam o silêncio como o caminho espiritual mais importante. Mas, tão experientes na arte do silêncio, recebiam visita de muitas pessoas de Roma e de todas as regiões do Império Romano, desejosos de ouvir sua palavra. Muitas vezes se recusavam a falar, principalmente quando percebiam que as pessoas iam a eles apenas por curiosidade.

Certa vez, Abbas Theodoros foi procurado por um irmão que desejava ouvir uma palavra sua, mas ele não rompeu seu silêncio durante três dias. Quando seus alunos começaram a repreendê-lo por isso, ele lhes disse: "É verdade, eu não quis falar com ele, pois se acha importante e quer se gabar com minhas palavras" ("Weisung der Väter", p. 270). A condição para que os monges falassem era a disposição do ouvinte de obedecer às suas palavras. Assim, Abbas Philikas dizia às pessoas que desejavam ouvir uma palavra sua: "Agora não há mais qualquer palavra. Antigamente, quando os irmãos perguntavam aos anciãos e faziam o que estes lhes diziam, Deus os inspirava com a palavra que deveriam falar. Hoje, porém, quando perguntam, mas não fazem o que ouvem, Deus retirou a graça da palavra dos anciãos, e eles não encontram mais a palavra que devem dizer, pois não há ninguém que a pratica" (p. 231).

Um motivo pelo qual os irmãos recusavam a palavra se encontra no próprio Deus. Ele não inspira os anciãos com sua palavra quando estes são procurados por pessoas que não estão dispostas a obedecer ao que eles lhes dizem. Para os monges, uma palavra sem ação não tem valor. Para eles, uma palavra só tem sentido se for executada, obedecendo à palavra de Jesus: "Todo aquele que ouve estas minhas palavras e as põe em prática será como um homem prudente que construiu sua casa sobre a rocha" (Mt 7,24).

Quem não está disposto a obedecer às palavras que ouve é, aos olhos dos monges, um fanfarrão. Ele quer se gabar com as palavras que recebeu dos monges, mas não está disposto a segui-las.

Os monges se calavam. Suas palavras nasciam do silêncio; eles as recebiam de Deus. Os monges não usaram o silêncio para desenvolver uma fala melhor; queriam encontrar Deus em seu silêncio e apoiavam uns aos outros nesse caminho para Ele. Para isso recorriam às palavras. Eles as recebiam do alto, não as adquirindo por meio da reflexão. Mas justamente por virem do silêncio e de Deus, suas palavras tinham um peso especial.

Algumas pessoas precisam falar o tempo todo; não aguentam o silêncio. Assim, sua fala se transforma em conversa fiada. Seu único propósito é romper o silêncio e fugir dele.

Quem quiser falar alguma coisa, precisa, antes, procurar o silêncio. Nele é possível avaliar quais palavras merecem ser expressas e quais precisam permanecer no silêncio. Essa pessoa pesa as palavras, dizendo apenas aquelas que significam algo, que edificam, que apontam um caminho e que expressam o mistério.

A fala e o silêncio ainda têm outro significado. Às vezes nos calamos porque nada temos a dizer e porque não encontramos palavra relevante. As pessoas que precisam falar muito – conselheiros, terapeutas, políticos, médicos – percebem nitidamente os momentos em que não sabem o que devem dizer. Muitos disfarçam esse silêncio interior; sentem-se obrigados a dizer qualquer coisa. As mídias esperam que o político manifeste imediatamente sua opinião sobre este ou aquele problema, não lhe dando o tempo necessário para refletirem sobre o que faria sentido dizer. Os pregadores sentem que no momento de sua fala faltam-lhes as palavras para expressar sua fé, de modo que corresponda a seu estado interior. Mesmo assim, acreditam ter que falar algo; mas nessas ocasiões suas palavras são vazias.

Em conversa com seu paciente um terapeuta pode não saber o que lhe dizer para diminuir seu sofrimento. Alguns tentam se refugiar em teorias psicológicas e, assim, disfarçar sua falta de palavras. Mas tanto o conselheiro quanto o terapeuta e o político fariam bem se assumissem seu silêncio, se suportassem o fato de não terem nada a dizer sobre determinado tema. Seria mais honesto; isso lhes pouparia muitas palavras vazias e lugares-comuns que banalizam cada vez mais a língua.

Seria bom se aguentássemos o silêncio e esperássemos o nascimento de novas palavras a partir dele. Muitos escritores precisam desse período de silêncio para gerar novas ideias. O Poeta Hugo von Hofmannsthal confirma isso: "As palavras de uma pessoa são tanto mais poderosas quanto mais profunda for a solidão da qual provêm" (apud BAUMANN, p. 104). Isso explica também o poder das palavras de Paul Celan, que muitas vezes procurou a solidão e o silêncio para que novas palavras pudessem nascer.

Palavras que nascem do silêncio nunca moralizam, mas podem despertar as pessoas. Elas retiravam a viga da frente de suas cabeças, abrindo-lhes os olhos para que possam ver a realidade de sua vida.

Jesus não usou palavras moralizantes. Elas eram desafiadoras, mas sempre despertavam para a vida. Palavras moralizantes sempre geram peso na consciência e significam uma forma sutil de poder. Ninguém consegue se imunizar completamente contra a consciência; todos nós temos a noção de que nem tudo o que fazemos é correto. Porém uma consciência pesada não transforma as pessoas, mas gera um "sentimento de ressaca".

Muitas vezes, uma consciência pesada nos rouba as forças para mudar algo em nós. Sermões moralizantes, por exemplo, são ameaçadores e dogmáticos e seus pregadores costumam se elevar acima dos outros. Fazem de conta que cumprem tudo o que exigem dos outros, mas a sentença de Jesus sobre os fariseus também vale para esses moralistas: "Eles dizem e não fazem. Amarram pesadas cargas e as põem nas costas dos outros, e eles mesmos nem com o dedo querem tocá-las" (Mt 23,3s.).

No texto grego encontramos a palavra *legousin*, que significa "eles falam", "eles justificam". Os argumentos dos fariseus estão focados nos outros. Eles mesmos, porém, se mantêm afastados de suas justificativas e nada fazem para interpretar a lei, de forma que ela não se transforme em peso para as pessoas. Antes, sua língua moralizante pretende exercer poder e oprimir as pessoas para, assim, se elevar acima delas. Mas isso não é uma língua dialógica, não é uma língua que nasce do silêncio.

A narrativa bíblica da criação mostra o que uma palavra que vem do silêncio é capaz de fazer. No início da criação reinava o silêncio. Ele não apresentava estrutura; tudo era vazio e confuso (cf. Gn 1,1). E nesse silêncio Deus pronunciou a palavra: "Faça-se a luz!" A palavra deu forma ao silêncio, trazendo luz para o mundo.

Existem palavras primordiais que não perturbam o silêncio, mas reforçam sua mensagem. Também existem palavras que vêm do silêncio e o tornam audível. A palavra que irrompe do silêncio nos leva para o silêncio; ela não o interrompe, mas o aprofunda.

Há pessoas cuja fala não interrompe o silêncio. Existem, porém, pessoas que não falam muito, mas suas palavras revelam inquietação. Aquele cuja fala vem do silêncio pondera suas palavras; não as usa para fugir do silêncio. Fala apenas quando o Espírito de Deus o impulsiona. Caso contrário, se cala, não sentindo obrigação alguma de falar.

Quando organizo seminários de silêncio as pessoas sentem um grande alívio por não terem que falar durante as refeições. Percebem então que, muitas vezes, falam apenas para evitar o silêncio, apenas para quebrar a atmosfera incômoda; mas quando todos se calam surge uma união interior profunda. No fim do curso, quando elas voltam a falar umas com as outras, sentem um vínculo mais íntimo por meio das poucas palavras faladas do que se tivessem conversado o tempo todo.

No *Introitus*, hino introdutório do primeiro domingo do período natalino, a liturgia medita sobre o Livro da Sabedoria e o remete à encarnação de Deus em Jesus Cristo: "Enquanto um calmo silêncio envolvia todas as coisas e a noite chegava ao meio de seu curso, tua palavra onipotente, vinda do céu, de seu trono real, atirou-se" (Sb 18,14). A palavra que se faz carne em Jesus provém do profundo silêncio de Deus.

O místico João da Cruz interpreta este texto desta forma: A palavra que Deus fala sempre no silêncio eterno precisa ser ouvida no silêncio pelo ser humano. Ela precisa do silêncio para ser ouvida na profundeza do coração. É uma palavra que nutre. Então, cumpre-se a palavra de Jesus que Ele cita do Livro de Deuteronômio, quando é tentado por satanás: "Está escrito: Não é só de pão que vive o ser humano, mas de toda palavra que sai da boca de Deus" (Mt 4,4).

Hoje ansiamos por uma palavra que nos nutra, uma palavra da qual possamos viver. Muitas vezes conhecemos esse tipo de palavra que nos toca na profundeza da alma e que nos acompanha em tempos de necessidade, tornando-se realmente alimento para a nossa alma.

Língua e poder

A ciência da religião conhece o poder da palavra. Nos tempos primordiais, quando ainda não se usavam tantas palavras, as pessoas atribuíam a elas um poder eficaz. Elas provocam o que afirmam. Isso se manifesta na palavra criativa de Deus; a Palavra de Deus cria a realidade.

Para nós, isso significa: nossas palavras também criam uma realidade. Não só os romances são gestadores de realidade, mas também nossas palavras; elas criam uma atmosfera, geram determinado tipo de humor.

Isso pode ser percebido, por exemplo, em uma sala. Quando entramos em um ambiente no qual se desenrola uma conversa agradável, nós nos sentimos bem. O efeito perdura até mesmo após a conversa. O contrário também é verdadeiro: quando entramos em uma sala onde há muitas discussões nos sentimos desconfortados.

A língua marca os espaços em que vivemos e trabalhamos. Quando reconciliadora, ela gera uma atmosfera de paz e reconciliação; quando está fundamentada em temas recalcados gera divisão e atmosfera negativa. Sim, até existem pesquisas que demonstram que palavras de bênção – palavras positivas – pronunciadas sobre a água transformam sua estrutura.

Antigamente, curadores falavam palavras sobre feridas e esperavam que, assim, elas se curassem. Experimentos mostram que palavras influenciam também as plantas.

A ciência da religião distingue entre palavras de bênção e de maldição, entre palavras de juramento e de encanto, de feitiçaria e palavras mágicas. Quando, no Antigo Testamento, Isaac abençoou seu filho Jacó, suas palavras geraram o efeito daquilo que expressaram. Isaac não pode repetir as mesmas palavras para Esaú, seu primogênito, destinatário original dessa bênção. Palavras não podem ser retiradas.

Palavras de bênção causam o efeito daquilo que expressam, mas maldições também têm um efeito. Felizmente, nos dias de hoje quase não se fala mais de pais que amaldiçoam suas filhas por escolherem um caminho diferente daquele que eles previram. Antigamente, atribuía-se um efeito mágico às maldições. Hoje, elas são vistas como palavras que magoam e rejeitam; são usadas para desejar infortúnios e coisas ruins para alguém.

A psicologia nos ensina que essas palavras exercem efeito poderoso sobre a alma. Não acreditamos mais no poder mágico de maldições, mas reconhecemos o efeito psicológico dessas palavras em numerosas terapias. Pessoas que ouviram esse tipo de palavras negativas precisam dissolver seu poder negativo, e recebem a tarefa de – ao invés de se concentrar nas maldições – anotar as bênçãos que ouviram de seus pais ou professores. As bênçãos querem levá-las para as profundezas de seus corações, de onde devem expulsar ou quebrar o poder das maldições.

Em meus cursos, peço que os participantes anotem as bênçãos e maldições que ouviram em sua infância. Em alguns casos, predominam as bênçãos: "Você é um anjo". "Que bom que você existe". "Você é um sol que brilha para a nossa família". Outras pessoas se lembram principalmente das maldições: "Você não é uma criança desejada". "Você é um peso para a família". "Você é impossível". "Você é mau". "Você não pode ser nosso filho. Você não se parece em nada conosco". Sim, uma mulher me contou que seu pai a chamava de "filha do diabo".

Essas maldições se alojam profundamente no coração, e muitas vezes seu poder demora para ser rompido. É salutar rememorarmos as palavras de bênção de Deus: "Tu és meu filho amado. Tu és minha filha amada. Em ti me agrado". Mas para que essa palavra consiga anular uma maldição, ela precisa penetrar profundamente no inconsciente, para lá derrubar essa maldição do trono e ser eficaz como bênção.

A palavra alemã *beschwören* (conjurar, jurar) tem dois significados: por um lado, significa "testificar sob juramento", e, por outro, "conseguir dominar por meio de fórmulas mágicas". Aquele que afirmar algo sob juramento permanece ligado à sua palavra; não pode retirar sua palavra. Se o fizer comete perjúrio.

Antigamente, conjurar algo por meio de uma fórmula mágica era um modo de conquistar poder. Acreditava-se que as fórmulas mágicas possuíam o poder de fazer o que diziam. Falamos aqui de magia; as palavras têm um efeito mágico, conseguem fazer o que afirmam. Por isso, muitas pessoas têm medo desse tipo de palavra.

O Evangelista Marcos nos conta que um homem com um espírito impuro assistia ao primeiro sermão de Jesus em Cafarnaum. Esse espírito impuro desejou adquirir poder também sobre Jesus, chamando-o pelo seu nome: "Sei quem Tu és: o Santo de Deus!" (Mc 1,24). Encontramos esse poder sobre nomes também nos contos de fada; por exemplo, na história de *Rumpelstichen*. Jesus prega com poder. O espírito impuro não tem poder sobre esse homem, e Jesus lhe ordena: "Cala-te e sai deste homem!" (Mc 1,25). A palavra de Jesus anula a palavra mágica do demônio.

Em nosso tempo percebemos o poder da língua em outras áreas. Políticos e jornalistas conseguem exercer poder por meio dela; determinam o uso linguístico referente a temas específicos. Quando esse uso se impõe, torna-se praticamente impossível argumentar de modo diferente e de falar sobre o assunto de outra maneira. Muitas vezes essa fala possui um efeito demagógico.

Quando Paul Kirchhoff se candidatou pelo partido CDU (União Cristã Democrática) e, em 2001, apresentou um novo sistema fiscal, Gerhard Schröder o refutou com sua prática linguística: "Olhem só o professor de Heidelberg!" Havia tanto desprezo nessa expressão, que Kirchhoff não teve qualquer chance com suas sugestões inteligentes. Percebemos nesse tipo de ocorrência como as palavras demagógicas conseguem desvalidar e derrubar quaisquer argumentos.

Palavras ridicularizadoras possuem um poder contra o qual a pessoa ridicularizada quase não consegue se defender. Elas são capazes de determinar e dominar uma atmosfera. E delas depende, por exemplo, quem chega ao poder no governo do Estado. Trata-se muitas vezes de lemas que impedem um raciocínio objetivo.

No debate sobre uma educação adequada para a criança, os psicólogos que enfatizam a importância da presença da mãe durante os primeiros anos de vida não têm qualquer chance. São imediatamente ridicularizados pelos chavões: "crianças, cozinha, igreja" (palavras que sugerem o lugar apropriado para a mulher) e que projetam uma imagem ultraconservadora nesses psicólogos. Percebemos aqui o poder que as palavras possuem e como elas podem impossibilitar um diálogo objetivo.

Adolf Hitler fez uso de seu linguajar demagógico para enfeitiçar toda uma nação. As palavras que os ouvintes de rádio ouviam na época dominaram o humor do povo. Elas ignoraram tabus e geraram condutas até mesmo em pessoas de boa formação que até então nenhum aluno do ensino médio jamais teria adotado. Muitas vezes, nem percebemos como nosso pensamento é cunhado pela língua que nos envolve no dia a dia: jornal, rádio, televisão, internet... Aquele que sabe manipular a língua controla também a opinião da sociedade.

Hoje, o poder da língua também se evidencia de outra forma. Em muitas empresas – mesmo que, por exemplo, a maioria de seus funcionários seja alemã – a língua oficial é o inglês. Isso faz com que os funcionários que melhor dominam essa língua têm também mais poder. O poder pertence àqueles que dominam o inglês, e nas discussões calam-se aqueles que não falam bem o inglês. Às vezes, os diretores com bons conhecimentos de inglês dão a entender que os outros "nada têm a dizer".

A palavra também exerce poder negativo na mentira. No Evangelho segundo São João, Jesus chama o diabo de "pai da mentira" e de "assassino dos homens" (cf. Jo 8,44). O mentiroso prejudica o ser humano e, por fim, o mata em sua sinceridade e retidão. Christian Schütz, antigo abade de Schweiklberg, interpreta essa palavra dizendo que todos os pecados sempre são, também, pecados da língua, e que os pecados da língua anunciam os outros pecados: "Primeiro 'morra, Judá', depois Auschwitz; primeiro negamos a alma a toda vida não humana (cf. Descartes), depois o industrialismo desenfreado realmente lhe retira a alma" (SCHÜTZ & NESTLE, p. 1.440s.).

Em uma carta aberta de 1974, Alexander Solschenizyn demonstrou de forma impressionante quanto poder a mentira pode ter, mas também quanto poder tem a língua autêntica. Ele afirmou que a violência precisa da mentira para preservar seu poder: "A violência só pode se esconder por trás da mentira, e a mentira só pode se manter por meio da violência" (SOLSCHENIZYN, p. 61).

Mas a mentira perde seu poder quando nos recusamos a participar dela. Para nós, é o caminho mais fácil e o "mais fatal para a mentira. Pois quando as pessoas se distanciam da mentira, ela simplesmente deixa de existir" (p. 61). Tirar o poder da mentira significa, para Alexander Solschenizyn: "não escrever, assinar ou imprimir mais nenhuma frase que desfigure a verdade; [...] não expressar essa frase nem em conversa particular, nem diante de um auditório, nem em nome próprio, nem em um texto preparado, nem no papel do orador político, do professor ou do pedagogo, nem em um 'manuscrito de palco'" (p. 62).

Alexander Solschenizyn acredita que as pessoas que abandonarem o ciclo do poder da mentira podem transformar o país. Suas palavras otimistas devem nos encorajar para que não nos detenhamos com o lamento sobre a língua pública, mas comecemos a falar uma língua autêntica. Então, afirma Alexander Solschenizyn, cheio de esperança: "não reconheceremos o nosso país!" (p. 63).

As raras palavras que partem do coração

Nem sempre nossas palavras podem vir do coração. Mas em determinadas ocasiões deveríamos dizer o que nos pesa no ou o que vem do coração; por exemplo, em uma festa de aniversário.

Nessa ocasião podemos cumprimentar o aniversariante com as fórmulas costumeiras. Também podemos lhe dizer algo que há muito queríamos, mas nunca tivemos coragem de expressar, com medo de abrir nosso coração. Esse tipo de ritual é uma boa oportunidade para presentear o aniversariante com palavras que vêm do coração. Essas palavras não devem lisonjear, mas expressar algo que observamos no outro, aquilo que ele significa para nós, como ele enriquece nossa vida e como ele nos encoraja. Devem ser palavras que desejam para o outro aquilo que queremos para ele do fundo do coração.

Encontramos as palavras certas se nos colocarmos em seu lugar e quando tentamos ouvir nosso próprio coração: Qual a sensação que o outro provoca e deixa em nosso coração? O que ouvimos no nosso coração quando tentamos escutá-lo, ouvir sua voz em nosso interior?

Muitas vezes vivencio a superficialidade de palavras em situações de despedida. E como faz bem ouvir palavras que não costumam ser ditas em situações assim. Isso vale para a despedida depois das férias, para a despedida depois de um período que passamos juntos, para a despedida da empresa ou para a despedida de vizinhos que estão se mudando para outro lugar. Quando um gerente é despedido de uma empresa porque a diretoria quer se livrar dele, costumamos ouvir palavras insinceras. É fácil elogiar uma pessoa para mascarar os motivos verdadeiros, mas essa pessoa vivencia as palavras insinceras como zombaria, sentindo-se magoada. Muitas vezes, porém, não encontramos palavras para expressar a despedida. Isso também dói e mostra que na empresa não existe uma cultura de convívio e de apreço.

Palavras que vêm do coração são de suma importância na despedida definitiva, por ocasião da morte. Os médicos me contam que, muitas vezes, parentes de pacientes com doenças graves os proíbem de dizer a verdade a esses pacientes. Os parentes sabem que o paciente morrerá em breve, mas agem como se tudo estivesse bem. Falam superficialmente da excursão que farão assim que o paciente voltar para casa, mas o doente sabe que esse retorno nunca acontecerá. Conversam apenas coisas irrelevantes com ele, que, ao contrário, deseja falar sobre o que realmente importa. Gostaria de lhes dizer as últimas palavra, de lhes dar sua bênção.

Não é possível dizer essas palavras do coração em uma conversa superficial; a palavra fica presa na garganta. Mas quando o paciente morre, os parentes se dão conta da oportunidade que perderam.

Existe um tempo certo para determinadas palavras. Quando esse tempo não é aproveitado as palavras não podem mais ser ditas. A despedida de um moribundo mostra isso com muita clareza. Uma despedida bem-sucedida seria o moribundo dizer palavras que nunca conseguiu fazê-lo durante sua vida, em que ele agradece aos parentes e amigos, em que ele lhes diz o que significam para ele e em que ele os abençoa.

Palavras de bênção de um moribundo são realmente palavras que vêm e tocam o coração. Após a morte sem uma despedida desse tipo, os olhos dos parentes muitas vezes se abrem e eles compreendem a oportunidade que perderam. Não disseram ao moribundo que ele fora uma bênção para eles, o que ele significou para eles. E, assim, não compartilharam com ele o que lhe desejavam para seu último caminho.

Essas palavras não expressas geram um sentimento de culpa nos parentes. O luto fica preso na garganta. Agora os parentes reconhecem a chance que uma despedida oferece: a de dizer palavras que vêm do coração e que alcançam o coração do outro.

O que vale para a despedida definitiva na morte também vale para as muitas outras despedidas, pois elas são oportunidades de dizer palavras que sempre quiseram dizer ao outro: o quanto eu prezo sua amizade, o que aprendi com ele, como ele transformou meu coração.

Despedir-se significa desprender-se, mas essa despedida e separação devem ser acompanhadas de palavras boas. Apesar de toda a distância física, essas palavras boas criam um novo vínculo e uma nova proximidade que talvez não existiram antes da despedida. Essas palavras de despedida também encerram um período da vida. Assim, torna-se mais fácil soltar e se desprender do outro.

No matrimônio o casal também perde muitos momentos de dizer palavras que vêm do coração. Falam demais sobre os assuntos do dia a dia, de forma que as palavras pessoais não têm vez.

No matrimônio também existe o momento certo para as palavras certas; por exemplo, o ritual diário de despedida, quando todos saem de casa para o trabalho; ou os rituais de aniversário, os domingos ou as férias. Ou o ritual de diálogo semanal, quando o casal reserva um tempo para uma conversa pessoal. Alguns casais não gostam disso; acreditam que, durante o dia, já têm bastante oportunidades de conversar sobre o que realmente importa, mas não falam sobre isso. A objeção contra o ritual semanal de uma conversa pessoal já revela a resistência contra a demonstração de sentimentos e o diálogo aberto com o outro.

Na igreja, durante um sermão, as pessoas também esperam ouvir palavras que vêm do coração e que tocam o seu coração. Talvez a coisa mais gratificante que um pregador pode ouvir é que sua pregação tocou os corações.

Evidentemente, Jesus falou com as pessoas de tal maneira que suas palavras tocaram seus corações e que estes até começavam a arder. Não podemos copiar Jesus, mas todos nós podemos falar do coração.

Basta ter a coragem de mostrar as emoções, sem inundar os outros com seus sentimentos; existem pregações sentimentais que deixam os ouvintes incomodados. Os sentimentos precisam ser verdadeiros, fluir do coração; não podem ser empregados de forma calculista para causar determinada reação no ouvinte.

Em relação às palavras do coração vale o que Jesus disse da Palavra de Deus: "Não é só de pão que vive o ser humano, mas de toda palavra que sai da boca de Deus – que sai do coração do ser humano".

Queremos ouvir palavras que toquem nosso coração. Isso não é válido apenas para o sermão, para a relação no matrimônio, para a educação dos filhos, como também para âmbitos sóbrios do trabalho.

Os funcionários percebem nitidamente se o chefe apenas aplica o que aprendeu em um curso de retórica ou se suas palavras vêm do coração. Somente neste último caso ele consegue motivar seus funcionários. Palavras empregadas de forma calculista para obter determinado efeito desejado são percebidas como manipuladoras, e os funcionários reagem com resistência, tentando se proteger delas.

Palavras que vêm do coração geram uma atmosfera confortável. Isso vale para o trabalho, para qualquer saudação, como também para qualquer encontro.

Palavras eficazes – palavras transformadoras

O psicanalista suíço Peter Schellenbaum cunhou o termo "palavras eficazes", pois são capazes de causar efeito no ser humano. Para Schellenbaum, "Deus" é uma palavra eficaz especial, e ele a diferencia de palavras que se referem a objetos. Quando Deus é tratado como objeto, podemos discutir sobre a sua existência, sobre suas qualidades e seus atributos. Mas, nesse caso, as pessoas não são tocadas por Ele.

Deus como palavra eficaz exerce influência sobre a alma humana. "O efeito que me faz identificar uma palavra como Palavra de Deus e uma imagem como imagem de Deus é o de uma transformação completa do eu em direção a uma personalidade mais abrangente e central, que, em aproximação ao *atman* dos indianos, chamamos de 'si mesmo'" (SCHELLENBAUM, p. 28). Deus como palavra eficaz rompe a solidão no eu. "É a palavra eficaz do relacionamento" (p. 29). Deus é sempre um "tu", que se dirige a mim e que gera um relacionamento meu comigo mesmo. Como Deus, o amor também é uma palavra eficaz, e não uma palavra objetiva. Schellenbaum afirma que as palavras eficazes são importantes porque, sem elas, o indivíduo se perderia num mundo sem fala (cf. p. 34s.).

Para a saúde psicológica, é importante permitirmos que palavras como *Deus* e *amor* desdobrem seu efeito em nós. Elas nos permitem estabelecer contato com o fundamento da nossa alma, com a fonte interior da qual bebemos para vencer os desafios da vida.

Jesus usou muitas dessas palavras eficazes. Quando disse ao leproso que este não aceitava a si mesmo ("Eu quero, fica limpo"), o leproso passou a se vivenciar de forma completamente diferente, conseguindo aceitar-se e perceber-se como puro (cf. Mc 1,40ss.). Ao paralítico Jesus disse: "Levanta-te, toma a tua maca e anda". E sua palavra surtiu efeito. O paralítico se levantou e andou (cf. Mc 2,1-12). Ao homem com a mão paralisada, Jesus disse: "Estende a mão. [...] Ele a estendeu, e a mão ficou curada" (Mc 3,5). Esse homem encontrou coragem de tomar sua vida em suas próprias mãos, dando forma àquilo que lhe foi oferecido. Em muitas narrativas de milagre Jesus disse uma palavra de cura ao enfermo, e isso teve o efeito anunciado.

Lucas nos conta uma história maravilhosa sobre o poder da palavra. Um oficial romano tinha um servo que adoeceu gravemente. O oficial enviou alguns anciãos judaicos para Jesus com o pedido de curar seu filho. Jesus os acompanhou. Mas ao se aproximar da casa do oficial, este enviou seus amigos para Jesus com a notícia: "Senhor, não te incomodes, pois eu não sou digno de que entres em minha casa. Nem me julguei digno de ir a ti, mas dize só uma palavra e meu escravo ficará curado" (Lc 7,6s.).

A liturgia acatou essa história. Antes da Comunhão, os fiéis recitam as palavras do oficial gentio: "Não sou digno".

Essa expressão nos lembra de todas as desvalorizações que sofremos em nossa educação e, às vezes, também na instrução religiosa, como se não fôssemos dignos de ir a Deus.

Mas quando lemos a história, sentimos que o oficial era um homem autoconfiante. Ela nos convida a nos colocarmos na situação do oficial: de uma pessoa de alto escalão, de personalidade forte. Ele não se desprezou com sua palavra; antes, demonstrou seu respeito para com aquele que estava indo até ele. Demonstrou seu respeito diante do outro que ia na figura de Jesus. O oficial era um romano; por isso, um gentio para os judeus e, mais tarde, também para os cristãos. Ele demonstra nossa estranheza interna diante de Deus. Apesar de toda nossa religiosidade, Deus permanece o Outro e o Estranho.

Assim como o oficial, confessamos que não somos dignos de que Jesus entre em nossa casa. "Não sou digno de que entres em minha casa, mas dize só uma palavra e minha alma ficará curada." Aquilo que aconteceu nessa história de cura deve acontecer conosco na Comunhão. Não é nosso escravo, mas a nossa alma que deve ser curada.

Ao contrário da história bíblica, porém, Jesus *entrará* em nossa casa. Mas antes de entrar, pedimos que fale a palavra que curará nossa alma. Jesus é a Palavra encarnada de Deus; Ele não só nos diz uma palavra. Na Comunhão, Ele, a Palavra de Deus, entra em nossa casa e inunda todos os cômodos de nossa casa interior com sua palavra; diz sua palavra curadora e transformadora em todos os aposentos de nossa alma, para que nos tornemos sãos e salvos. E nessa Palavra que se fez carne, o amor de Deus nos penetra e transforma.

Essa expressão que a liturgia escolheu para o rito eucarístico nada tem a ver com humilhação, mas com gratidão e respeito diante do evento curador que ocorre quando Jesus entra em nossa alma e nos cura.

O efeito que a liturgia atribui à palavra curadora de Jesus a psicologia atribui às palavras que falamos. Não existem somente palavras curadoras que alguém pronuncia para nós, que nos fortalecem e curam. As palavras que nós mesmos falamos podem nos curar ou adoecer. Isso vale, por exemplo, para as desculpas negativas com as quais nos paralisamos constantemente. Quando digo: "Tenho medo". "Não consigo fazer isso". "O que os outros pensarão de mim?", essas palavras ampliam o medo em meu interior.

Quando confrontado com esse medo posso falar palavras de confiança, como, por exemplo, este versículo: "O SENHOR está a meu favor: nada temo. Que mal poderá alguém me fazer?" (Sl 118,6). Essas palavras me ajudam a redescobrir a confiança, que já está em mim, no fundo de minha alma.

Ainda há uma outra maneira de usar as palavras para transformar minha atitude interior. Durante um aconselhamento, quando ouço atentamente aquilo que o outro diz, já reconheço em seu modo de se expressar sua postura negativa, sua autorrejeição e sua falta de esperança. Um caminho de cura consiste em substituir algumas expressões por outras. Sempre, por exemplo, quando percebo que estou reforçando meu medo – "Isso tudo é demais para mim, nunca conseguirei dar conta de tudo" – posso dizer as palavras: "Vou conseguir. Com a ajuda de Deus eu conseguirei".

Isso parece ser uma solução externa. Mas quando trabalho e mudo meu linguajar, a minha alma também se transforma. A linguagem exerce grande influência sobre nós; palavras negativas, negações constantes, palavras temerosas, palavras que veem calamidades por toda parte abalam nossa alma. Treinando e adotando outro linguajar nossa alma se transformará. Muitas vezes, é um processo lento. O primeiro passo consiste em desenvolver consciência pela própria língua, percebendo como e o que se fala. Depois, tentar evitar conscientemente determinado grupo de palavras, substituindo-as por outras. Com o passar do tempo, ocorrerá uma transformação interna; as novas palavras terão efeito curador.

Vivenciamos o poder transformador das palavras nos sacramentos. Na consagração (Sacramento da Eucaristia), o padre estende suas mãos sobre o pão e o vinho e reza: "Envia teu Santo Espírito sobre este pão e sobre este vinho, para que transforme o pão no corpo e o vinho no sangue do teu Cristo". Ao dizer essas palavras, o pão e o vinho são transformados em corpo e sangue de Jesus Cristo.

No Sacramento da Confissão, quando o padre diz: "Eu te absolvo dos teus pecados", o perdão ocorre naquele exato momento. O visível se transforma em símbolo do invisível. A palavra tem o efeito anunciado. Ela transforma minha situação, seja no Batismo, na Crisma ou na Unção dos Enfermos.

O poder transformador sacramental das palavras cumpre aquilo que as pessoas esperavam antigamente das palavras mágicas. Os sacramentos não são magia, mas podemos confiar que não são apenas palavras pias e trazem os efeitos que anunciam, pois são ditas no poder de Jesus Cristo.

As palavras pronunciadas no Sacramento da Eucaristia, por exemplo, não querem apenas transformar o pão e o vinho, mas toda a minha vida. O poder eficaz das palavras sacramentais deve se expressar em nosso dia a dia. "Teus pecados são perdoados" me lembra no dia a dia que não devo me acusar interiormente. Essa palavra me liberta do mecanismo das autoacusações e me capacita a me perdoar.

E quando me encontro preso à rotina cotidiana, a palavra transformadora da Eucaristia me lembra da presença de Cristo em meio ao caos. E quando seu Espírito e seu amor penetram meu dia a dia, tudo se transforma. O banal se transforma em lugar do encontro com Deus, e aquilo que me corrói se transforma em pão que me alimenta.

Faz bem recitar diariamente as palavras transformadoras dos sacramentos, para que transformem aquele momento, libertando-nos de palavras prejudiciais e substituindo-as por palavras curadoras que foram pronunciadas nos sacramentos.

A Bíblia já falou desse poder eficaz e transformador da Palavra de Deus. No Livro do Profeta Isaías lemos: "Como a chuva e a neve descem do céu e para lá não voltam, mas regam a terra para ela ficar fértil e produtiva, para dar semente ao semeador e pão para comer, assim acontece com a palavra que sai de minha boca: não volta para mim vazia, sem ter realizado a minha vontade, sem ter cumprido a sua missão" (Is 55,10s.).

Esses versículos valem para a palavra que Deus nos fala, mas também para a Palavra de Deus que nós proclamamos em seu nome. Esses versículos querem encorajar os proclamadores, dizendo-lhes que suas palavras não são em vão. Mesmo que elas passem despercebida por muitos ouvidos em um primeiro momento, acabam tendo algum efeito sobre a maioria dos ouvintes.

Muitas vezes, esse efeito não é imediatamente visível, assim como o brotar de uma semente também não pode ser percebido imediatamente após a chuva. Mas muitas vezes essas palavras começam a brotar quando o ser humano enfrenta uma crise, quando a terra de sua alma é mexida por reviravoltas externas.

Os monges sempre meditaram sobre as palavras da Bíblia e as recitaram também no dia a dia, para que elas cunhassem seus pensamentos.

Quando confronto uma situação concreta do dia a dia com uma palavra da Bíblia, aquela situação se transforma. Por exemplo, digo a mim mesmo: "O Senhor é o meu pastor, nada me faltará". Nem é preciso acreditar nessas palavras. A pessoa as recita quando, por exemplo, sente-se ignorada por seu chefe, seu parceiro, sua namorada. E então se pergunta: Se essas palavras forem verdadeiras, como posso vivenciar a mágoa de ser ignorado? Não posso sentir outra realidade em mim mesmo? A mágoa será relativizada e ela sentirá dentro de si esta verdade: Quando Cristo está em mim, quando Ele é o meu pastor, nada me falta. Então, sua carência será transformada, perdendo seu poder dentro dela. A Palavra de Deus transforma sua autoexperiência.

Paulo chama a Palavra de Deus de "uma força de Deus para a salvação de todo aquele que crê, em primeiro lugar do judeu, mas também do grego" (Rm 1,16). A Palavra de Deus não transforma apenas o espaço da igreja. Ela possui o poder que transforma também os gregos, que toca os corações dos gentios, pois fala de seus anseios. É uma palavra que edifica e consola (cf. Jr 29,10).

A Segunda Epístola a Timóteo adverte o proclamador: "Prega a palavra, insiste oportuna e inoportunamente" (4,2). Conheço padres que não acreditam mais no poder da Palavra de Deus. Acham que se trata de uma língua estranha, incapaz de tocar os corações das pessoas. É importante proclamarmos essas palavras dos evangelhos e das leituras de forma tão convincente, que os ouvintes possam sentir que elas não são apenas lidas; que passaram pelo coração crente e perscrutador do leitor. Por sua vez, o pregador confia que essa palavra é capaz de provocar alguma transformação em seus ouvintes.

Palavras e oração

Na oração falamos com Deus. Muitas pessoas já não sabem mais que língua devem usar para falar com Ele. Ainda conhecem as orações infantis. Mas assim que começam a falar de forma pessoal com Deus, só encontram palavras banais. Quando as usam, percebem que não passam de palavras vazias, que perderam a língua autêntica para falar com Deus.

Nessas situações podemos recorrer às palavras que a própria Bíblia oferece para a oração. Elas são principalmente os Salmos, mas para muitas pessoas sua linguagem também é estranha. Muitas vezes esses Salmos não apresentam nenhuma terminologia religiosa, mas apenas palavras que expressam nossas emoções: decepção, desespero, medo; mas também nossa confiança, esperança e amor.

O abade e escritor do início do cristianismo João Cassiano observa que, quando rezamos os Salmos, nós – de certa forma – os criamos. Eles se transformam em nossas próprias palavras. Usamos essas palavras pré-formuladas para expressar nossa própria vida e apresentá-la a Deus. As palavras dos Salmos nos conectam com nossa alma, como também com as áreas que pretendemos ocultar de Deus, porque não são agradáveis. A linguagem dos Salmos apresenta três aspectos que eu considero importantes:

Notker Füglister, meu professor de Estudos do Antigo Testamento em Sant'Anselmo, Roma, não se cansa de lembrar que a linguagem dos Salmos é, em *primeiro lugar*, evocatória. Ela desperta em mim emoções recalcadas; ela me conecta com experiências que guardei no inconsciente, abrindo em minha alma espaços de experiência que costumam não ser acessíveis no dia a dia.

A linguagem dos Salmos pode ser pré-formulada, mas expressa meus anseios, minhas necessidades e meus temores mais profundos.

Em *segundo lugar*, a linguagem dos Salmos foi enriquecida pelos muitos oradores que recitaram os Salmos ao longo dos últimos três mil anos. Jesus também usou esses Salmos como orações. Nessas palavras, portanto, tornamo-nos um com as experiências que Jesus fez com o Pai: com suas dúvidas, sua solidão, mas também com sua fé profunda. A linguagem dos Salmos nos conduz ao centro do coração de Jesus.

Santo Agostinho nos recomenda rezar os Salmos juntamente com Jesus, para assim, recitando essas palavras, tornar-nos um com o Espírito de Jesus. Mas também devemos rezá-los cientes de que, durante três mil anos, judeus e cristãos pios rezaram esses Salmos e, com sua ajuda, venceram os desafios da vida. Oraram essas palavras em seu desespero, quando fome e guerra, doença e perigo ameaçaram sua vida, mas também em momentos de júbilo e alegria. Quando rezamos essas palavras, compartilhamos das raízes de todas as pessoas pias que nos antecederam.

O *terceiro aspecto* da linguagem dos Salmos mencionado por Notker Füglister é sua plasticidade. O imaginário deles se dirige ao ser humano completo. Não fala apenas ao intelecto, mas também aos sentidos, à imaginação e ao coração. O linguajar figurativo dos Salmos é atemporal, alcançando-nos ainda hoje, porque ativa imagens arquetípicas em nossa alma.

Esse seu linguajar figurativo exerce um efeito curador sobre o ser humano. Füglister cita Romano Guardini, que lamenta o fato de hoje as imagens serem substituídas por conceitos: "Quem analisar o assunto mais de perto perceberá o contrassenso disso. Na verdade, o ser humano adoece dessa forma, pois seu ser interior só pode se nutrir de imagens" (FÜGLISTER, p. 103).

A linguagem dos Salmos em si já é um diálogo. Revelo a Deus meu anseio, ofereço-lhe meu coração. Ao mesmo tempo, presto atenção àquilo que Ele me diz. Às vezes, preocupo-me mais comigo mesmo e com minhas perguntas; às vezes, percebo nas palavras o que Deus está querendo me dizer. Ouço então promessas maravilhosas de Deus. E de repente consigo crer em seu amor. As mesmas palavras servem para eu me expressar e ouvir a resposta de Deus. Em última análise, trata-se de um diálogo em Deus e na presença dele. Não expresso apenas como me sinto, expresso também as palavras sagradas de Deus que me preenchem com seu Espírito.

Jesus nos deu palavras para nos ensinar como devemos orar. É o Pai-nosso, que, a partir do século I, foi rezado por todos os cristãos pelo menos três vezes ao dia para assimilar cada vez mais o Espírito de Jesus. Quando rezamos as palavras de Jesus, participamos de seu relacionamento com Deus Pai.

Para muitas pessoas de hoje, as palavras do Pai-nosso são estranhas. Mas é justamente nessas palavras, que não correspondem às nossas experiências diárias, que entramos em contato com nosso anseio mais profundo por Deus e pelo seu domínio em nós e no mundo. Essa oração pretende tornar visível Deus em nossa vida e no mundo.

As palavras do Pai-nosso não são, porém, apenas as palavras de Jesus. São – como também os Salmos – enriquecidas por todas as experiências que as pessoas fizeram com essa oração ao longo de dois mil anos. São palavras sagradas que recitamos, permeadas de uma longa história de religiosidade. Quando oro "Seja feita a vossa vontade", lembro-me da luta de inúmeras pessoas em relação à vontade de Deus. E oro essa palavra juntamente com meu pai, que teve a oração do Pai-nosso como companheira de toda a sua vida, pois seu objetivo sempre foi fazer jus à vontade de Deus.

E quando rezo "O pão nosso de cada dia nos dai hoje", lembro-me das necessidades pelas quais meus pais passaram após a guerra, quando não sabiam como alimentar sua grande família. Assim, as palavras do Pai-nosso são enriquecidas por lembranças, experiências, esperanças, anseios e a confiança que muitos oradores expressaram com elas antes de mim.

Quando as pessoas não sabem como devem orar e que língua devem usar para falar com Deus, dou-lhes o seguinte exercício: sente-se sozinho em seu quarto. Imagine que a presença de Deus o envolve. Então, comece a falar com Ele em voz alta, não em voz tão alta que as outras pessoas possam ouvi-lo, mas alto o bastante para que você consiga se ouvir. Diga a Deus o que deseja contar-lhe sobre si mesmo. E pergunte a Ele: O que achas disso? Este é realmente meu anseio mais profundo? Quando ouvir sua própria voz, você percebe rapidamente onde suas palavras não expressam a verdade, onde elas se tornam inapropriadas e vazias. Quando você passa a ouvir as próprias palavras, aos poucos aprenderá a falar as palavras verdadeiras, autênticas e apropriadas.

Quando falamos com outras pessoas, muitas vezes nos fixamos em nossos argumentos, ou tentamos corresponder às suas expectativas. Quando falamos com Deus em voz alta, nós nos ouvimos. E, às vezes, nos assustamos com nossa própria língua: com sua superficialidade; somos incapazes de expressar aquilo que a nossa alma deseja dizer.

Mas quando nos esforçamos para mencionar palavras certas, percebemos como é difícil encontrar palavras adequadas para a nossa conversa com Deus, e nos tornamos modestos e humildes. Aos poucos nos aproximamos da nossa verdade, pois quando as palavras não correspondem à nossa verdade interior, elas ficam presas em nossa garganta; nosso corpo as rejeita e sentimos que ainda não representam toda a verdade. As palavras querem corresponder à verdade, mas trata-se de buscar essa verdade interior e um modo de expressão que confirme sua veracidade.

Pensamentos finais

"A língua fala"

Em uma palestra sobre a língua, o filósofo Martin Heidegger rejeitou todas as teorias linguísticas e meditou sobre a oração: "A língua fala". Isso parece muito simples, mas revela algo do mistério da língua. Nenhuma teoria linguística nos ajuda a entender a língua que falamos diariamente.

Neste livro, não me dediquei a todos os aspectos da riqueza da língua. Limitei-me – como já havia dito na discussão preparatória para este livro – simplesmente àquilo que me preocupa e comove quando reflito sobre a língua. Eu mesmo falo diariamente com as pessoas; às vezes, em tom sóbrio com os meus funcionários na administração; ou em tom mais elaborado em minhas palestras. Falo como liturgista e uso a língua em meus escritos. Procuro encontrar uma língua que corresponda aos meus sentimentos e que alcance as pessoas para as quais escrevo.

Quanto mais escrevo, mais me vejo a caminho para a língua. Ainda não encontrei a língua que presencie as coisas de tal forma que permita experimentar o próprio ser e que ajude o ser humano a encontrar sua essência.

Martin Heidegger sempre volta a falar sobre a relação entre dizer, ser e essência. Em suas três palestras em que interpreta uma poesia de Georg Trakl, ele fala repetidas vezes sobre o último verso: "Não há de existir coisa onde se ausenta a palavra". Sem língua não vivenciamos a realidade, sem língua não compreendemos o ser. E Heidegger encerra sua palestra com uma observação sobre o *logos*. "A mesma palavra *logos* é, como palavra para o *dizer*, ao mesmo tempo palavra para o *ser*, isto é, para o estar-presente do presente. Dizer e ser, palavra e coisa pertencem uma à outra de forma oculta, pouco refletida e inimaginável" (HEIDEGGER, p. 237).

O ser se faz presente na língua, e o ser humano encontra sua essência por meio dela. Falando, descobrimos quem somos; e escrevendo, procuramos a língua que revela nosso ser, ou, como diz Heidegger, que o "desvela". A língua desvela o velado em nós. Assim, entramos em contato com nossa essência verdadeira.

Na língua de hoje, sentimos falta da atenção e o respeito diante da língua que encontramos nos pensamentos de Martin Heidegger, Paul Celan, Peter Handke e Hilde Domin. E confesso que, a despeito de todo o cuidado com que tento falar e escrever, fico muito aquém dos ideais dos poetas e pensadores.

Com este livro, quis prestar contas daquilo que falo e escrevo. Queria aguçar também minha sensibilidade para a língua. Muitas vezes nosso falar e escrever acontece de forma inconsciente, sendo impossível ponderar cada palavra que usamos. Senão nos calaríamos para sempre. Tampouco pretendo usar este livro para acusar – nem mesmo a fala pública. Sugiro seguir o conselho de Alexander Solschenizyn, que nos incentiva a abandonar a mentira e dizer e escrever apenas a verdade.

Este é também o meu desejo: que desenvolvamos uma sensibilidade para a língua falada em nossa volta, que ouçamos com atenção se uma língua nos faz bem ou mal, se ela expressa a verdade ou fala uma mentira, se ela constrói uma casa na qual as pessoas podem encontrar um lar ou se ela destrói as casas que as pessoas anseiam nos nossos tempos.

Toquei apenas algumas das áreas em que a língua exerce uma função importante: o diálogo, a comunicação, a liturgia, a linguagem nas empresas, nas famílias, nas comunidades, a fala pública e a oração. São áreas nas quais eu vivo. Eu as escolhi aleatoriamente.

A linguagem é sempre limitada. E assim, no fim deste livro, estou de mãos vazias. Segui a língua como a encontramos em Lucas e João, como nós mesmos a falamos e como os poetas a usam para falar conosco.

Desejo a vocês, queridos leitores, que a leitura deste livro lhes permita entrar em contato com sua própria essência, e que voltem a ler poesias para experimentar a língua aguçada dos poetas. Que vocês possam desenvolver grande sensibilidade para com a língua que ouvem e que falam, para a língua em que se expressam e, assim, compartilhem seus pensamentos com os outros.

Finalmente, desejo a todos nós uma língua que o Evangelho de João nos promete: uma língua que traga vida e luz para este mundo, uma língua que ajude a recriá-lo; um mundo que corresponda à palavra original de Deus: "Todas as coisas foram feitas por meio dela e sem ela nada se fez do que foi feito. Nela estava a vida, e a vida era a luz dos seres humanos. A luz brilha nas trevas" (Jo 1,3-5).

Referências

BAUMANN, G. *Erinnerungen an Paul Celan*. Frankfurt, 1986.

BERENDT, J.E. *Das Dritte Ohr* – Vom Hören der Welt. Hamburgo, 1985.

BLANK, J. *Das Evangelium nach Johannes*. Düsseldorf, 1981.

BROX, N. *Der erste Petrusbrief*. Zurique, 1979.

DOMIN, H. *Gesammelte Essays*. Frankfurt am Main, 1993.

EBNER, F. *Gesammelte Werke* – Erster Band: Das Wort und die geistigen Realitäten. Viena, 1952.

FLUSSER, V. *Kommunikologie*. Frankfurt am Main, 1998.

FÜGLISTER, N. *Das Psalmengebet*. 2. ed. Münsterschwarzach, 1997.

GADAMER, H.G. *Wahrheit und Methode*. Tübingen, 1965.

GRUNDMANN, W. *Das Evangelium nach Matthäus*. Berlim, 1968.

GUARDINI, R. "Die religiöse Sprache". In: BAYRISCHE AKADEMIE DER SCHÖNEN KÜNSTE (org.). *Die Sprache* – Die Fünfte Folge des Jahrbuchs Gestalt und Gedanke. Munique, 1959, p. 13-44.

HALDER, A. "Im Sprechen: Sehen und Hören – Die Ursprünglichkeit menschlicher Rede von Gott und Welt". In: HENZLER, L. (org.). *Die Stimme in den Stimmen* – Zum Wesen der Gotteserfahrung. Düsseldorf, 1992, p. 31-50.

HANDKE, P. *Aber ich lebe nur von den Zwischenräumen* – Ein Gespräch, geführt von Herbert Gamper. Zurique, 1987.

HEIDEGGER, M. *Unterwegs zur Sprache*. Pfullingen, 1959.

HÖLLER, H. *Peter Handke*. Hamburgo, 2007.

JÜNGER, F.G. *Sprache und Denken*. Frankfurt am Main, 1962.

KLEBER, K.-H. "Hören". In: SCHÜTZ, C. (org.). *Praktisches Lexikon der Spiritualität*. Friburgo im Breisgau, 1988, p. 635-638.

LEHR-ROSENBERG, S. "'Auch die Erwartung./Abgewandt steig sie aufs Schiff'. Hoffnung in einem Gedich von Hilde Domin". In: FUCHS, O. & WIDL, M. (orgs.). *Ein Haus der Hoffnung, Festschrift für Rolf Zerfass*. Düsseldorf, 1999, p. 174-183.

MAYR, F.K. "Hören". In: *Reallexikon für Antike und Christentum*, vol. 15, p. 1.023-1.111.

OTTO, W.F. "Sprache als Mythos". In: BAYRISCHE AKADEMIE DER SCHÖNEN KÜNSTE (org.). *Die Sprache* – Die Fünfte Folge des Jahrbuchs Gestalt und Gedanke. Munique, 1959, p. 171-186.

PREETORIUS, E. "Eröffnung der Vortragsreihe". In: BAYRISCHE AKADEMIE DER SCHÖNEN KÜNSTE (org.). *Die Sprache* – Die Fünfte Folge des Jahrbuchs Gestalt und Gedanke. Munique, 1959, p. 7-12.

SANFORD, J. *Das Johannesevanglium* – Eine tiefenpsychologische Auslegung. 2 vols. Munique, 1979s.

SATIR, V. *Selbstwert und Kommunikation* – Familientherapie für Berater und zur Selbsthilfe. Munique, 1993.

SCHARFENBERG, J. *Seelsorge als Gespräch*. Göttingen, 1972.

SCHELLENBAUM, P. *Gottesbilder, Religion, Psychoanalyse, Tiefenpsychologie*. Munique, 1989.

SCHLEMMER, K. "Von der Problematik einer kommunikativen Sprache in der Liturgie – Plädoyer für eine neue Sprache". *Anzeiger für die Seelsorge*, 6/2012, p. 11-14.

SCHLIER, H. "Wort". In: FRIES, H. *Handbuch theologischer Grundbegriffe*. Vol. 2. Munique, 1963, p. 845-867.

SCHULZ VON THUN, F. *Miteinander reden* – Vol. 1: Störungen und Klärungen. Reinbek, 1998.

_____. *Miteinander reden* – Vol. 3: Das Innere Team und situationsgerechte Kommunikation. Reinbek, 1998.

SCHÜTZ, C. & NESTLE, D. "Wort". In: SCHÜTZ, C. (org.). *Praktisches Lexikon der Spiritualität*. Friburgo im Breisgau, 1988, p. 1.439-1.442.

SOLSCHENIZYN, A. *Offener Brief an die sowjetische Führung* [set./1973] – Lebt nicht mit der Lüge [fev./1974]. Darmstadt, 1974.

STUFLESSER, M. "How to pray the vernacular – Überlegungen zu Fragen der Liturgiesprache am Beispiel des neuen *Roman Missal* in den USA". In: *Anzeiger für die Seelsorge*, 6/2012, p. 18-22.

STUTZ, P. "Auf neue Worte warten – Eine Ermutigung zum Perspektivenwechsel". In: *Anzeiger für die Seelsorge*, 6/2012, p. 15-17.

WATZLAWICK, P. *Die Möglichkeit des Andersseins* – Zur Technik der therapeutischen Kommunikation. Berna, 1977.

"Weisung der Väter". *Apophtegmata Patrum*. 4. ed. Trier, 1998.

CULTURAL
Administração
Antropologia
Biografias
Comunicação
Dinâmicas e Jogos
Ecologia e Meio Ambiente
Educação e Pedagogia
Filosofia
História
Letras e Literatura
Obras de referência
Política
Psicologia
Saúde e Nutrição
Serviço Social e Trabalho
Sociologia

CATEQUÉTICO PASTORAL
Catequese
  Geral
  Crisma
  Primeira Eucaristia

Pastoral
  Geral
  Sacramental
  Familiar
  Social
  Ensino Religioso Escolar

TEOLÓGICO ESPIRITUAL
Biografias
Devocionários
Espiritualidade e Mística
Espiritualidade Mariana
Franciscanismo
Autoconhecimento
Liturgia
Obras de referência
Sagrada Escritura e Livros Apócrifos

Teologia
  Bíblica
  Histórica
  Prática
  Sistemática

REVISTAS
Concilium
Estudos Bíblicos
Grande Sinal
REB (Revista Eclesiástica Brasileira)
SEDOC (Serviço de Documentação)

VOZES NOBILIS
Uma linha editorial especial, com importantes autores, alto valor agregado e qualidade superior.

VOZES DE BOLSO
Obras clássicas de Ciências Humanas em formato de bolso.

PRODUTOS SAZONAIS
Folhinha do Sagrado Coração de Jesus
Calendário de mesa do Sagrado Coração de Jesus
Agenda do Sagrado Coração de Jesus
Almanaque Santo Antônio
Agendinha
Diário Vozes
Meditações para o dia a dia
Encontro diário com Deus
Guia Litúrgico

CADASTRE-SE
www.vozes.com.br

EDITORA VOZES LTDA.
Rua Frei Luís, 100 – Centro – Cep 25689-900 – Petrópolis, RJ
Tel.: (24) 2233-9000 – Fax: (24) 2231-4676 – E-mail: vendas@vozes.com.br

UNIDADES NO BRASIL: Belo Horizonte, MG – Brasília, DF – Campinas, SP – Cuiabá, MT
Curitiba, PR – Fortaleza, CE – Goiânia, GO – Juiz de Fora, MG
Manaus, AM – Petrópolis, RJ – Porto Alegre, RS – Recife, PE – Rio de Janeiro, RJ
Salvador, BA – São Paulo, SP